AF215715

Tucholsky Wagner Zola Scott Sydow Freud Schlegel
Turgenev Wallace Fonatne
Twain Walther von der Vogelweide Fouqué Friedrich II. von Preußen
Weber Freiligrath
Kant Ernst Frey
Fechner Fichte Weiße Rose von Fallersleben Richthofen Frommel
Hölderlin
Engels Fielding Eichendorff Tacitus Dumas
Fehrs Faber Flaubert
Eliasberg Ebner Eschenbach
Feuerbach Maximilian I. von Habsburg Fock Eliot Zweig
Ewald Vergil
Goethe Elisabeth von Österreich London
Mendelssohn Balzac Shakespeare Rathenau Dostojewski Ganghofer
Trackl Stevenson Lichtenberg Doyle Gjellerup
Mommsen Tolstoi Hambruch
Thoma von Arnim Lenz Hanrieder Droste-Hülshoff
Dach Verne Hägele Hauff Humboldt
Karrillon Reuter Rousseau Hagen Hauptmann Gautier
Garschin
Damaschke Defoe Hebbel Baudelaire
Descartes
Wolfram von Eschenbach Schopenhauer Hegel Kussmaul Herder
Bronner Darwin Dickens Grimm Jerome Rilke George
Melville Bebel
Campe Horváth Aristoteles Proust
Bismarck Vigny Barlach Voltaire Federer Herodot
Gengenbach Heine
Storm Casanova Lessing Tersteegen Gilm Grillparzer Georgy
Chamberlain Langbein Gryphius
Brentano Lafontaine
Strachwitz Claudius Schiller Kralik Iffland Sokrates
Katharina II. von Rußland Bellamy Schilling
Gerstäcker Raabe Gibbon Tschechow
Löns Hesse Hoffmann Gogol Wilde Gleim Vulpius
Luther Heym Hofmannsthal Klee Hölty Morgenstern Goedicke
Roth Heyse Klopstock Kleist
Luxemburg Puschkin Homer Mörike Musil
La Roche Horaz
Machiavelli Kierkegaard Kraft Kraus
Navarra Aurel Musset Moltke
Lamprecht Kind Kirchhoff Hugo
Nestroy Marie de France
Laotse Ipsen Liebknecht
Nietzsche Nansen Ringelnatz
Marx Lassalle Gorki Klett Leibniz
von Ossietzky May
vom Stein Lawrence Irving
Petalozzi Knigge
Platon Kafka
Sachs Poe Pückler Michelangelo Kock Korolenko
Liebermann
de Sade Praetorius Mistral Zetkin

Der Verlag tredition aus Hamburg veröffentlicht in der Reihe **TREDITION CLASSICS** Werke aus mehr als zwei Jahrtausenden. Diese waren zu einem Großteil vergriffen oder nur noch antiquarisch erhältlich.

Symbolfigur für **TREDITION CLASSICS** ist Johannes Gutenberg (1400 — 1468), der Erfinder des Buchdrucks mit Metalllettern und der Druckerpresse.

Mit der Buchreihe **TREDITION CLASSICS** verfolgt tredition das Ziel, tausende Klassiker der Weltliteratur verschiedener Sprachen wieder als gedruckte Bücher aufzulegen – und das weltweit!

Die Buchreihe dient zur Bewahrung der Literatur und Förderung der Kultur. Sie trägt so dazu bei, dass viele tausend Werke nicht in Vergessenheit geraten.

Altdeutsche Novellen - Zweiter Band

Zweiter Band

Leo (Hg.) Greiner

Impressum

Autor: Leo (Hg.) Greiner
Umschlagkonzept: toepferschumann, Berlin

Verlag: tredition GmbH, Hamburg
ISBN: 978-3-8424-1480-8
Printed in Germany

Karl der Große

(Jansen Enenkel)

Die Hochzeit zu Aachen

Ehe Karl der Große seinen Bekehrungsfeldzug gegen die Ungarn unternahm, der ihn bis weit in die Walachei und in die Nähe des Meeres führte, beschied er seine Gemahlin, indem er ihr einen Ring zeigte: wer immer ihr diesen als Wahrzeichen überbrächte, dem möge sie Glauben schenken. Wenn er aber länger als zehn Jahre fortbleiben würde, so möge sie wissen, daß er unterwegs elend ums Leben gekommen sei.

Nun waren schon neun von den zehn Jahren ins Land gegangen und er weilte immer noch in dem fernen Ungarn. Darob begann man zu Aachen am Rhein ihn wegen seines langen Fortbleibens zu schmähen. Raub und Brand erhob sich in allen seinen Ländern, zur Sorge seiner Getreuen, die nun nicht länger zuwarten wollten und sich geradewegs zur Königin begaben. »Herrin«, sprachen sie, »seit unser Land keinen Herrn mehr hat, geht alles drunter und drüber. Darum wollen wir Euch bitten, einen guten Fürsten zum Gemahl zu nehmen, daß er das Reich beschütze. Unser Herr ist sicherlich tot. Denn ohne so gewaltige Nötigung hätte er Euch längst schon Botschaft gesendet.« Da entgegnete die Fürstin: »So würd' ich von ihm in Schande gestoßen, wenn König Karl zurückkommt in sein Land, und elend getötet. Von dem Wahrzeichen, das er mir beim Abschied wies, habe ich nie etwas vernommen, noch ward es je an mich zurück gesandt. Darum wäre dies treulos gehandelt um seinet- und um Gottes willen.« »Nein«, sagten da die Herren, »wir haben Boten ausgesandt, die uns gewisse Kunde brachten, König Karl sei unterwegs auf das elendeste ums Leben gekommen. Wenn wir ewig in diesen Wirren bleiben sollen, die uns vernichten, so wisset, daß Ihr darob der Hölle verfallen werdet.« Da sagte die Königin mit Züchten: »Wenn Ihr es mir nicht erlassen wollt, so folg' ich Euch denn, mag aus mir werden, was will. Die Größe meines Kummers soll mich nicht hindern, nach Eurem Wunsche zu tun.«

Bald darauf wurde denn auch die Hochzeit mit einem reichen Könige, den sie ihr zum Gemahle gaben, festgesetzt und sollte schon am dritten Tage danach gefeiert werden. Da sandte Gott einen seiner Engel als Boten ins Ungarland, wo Karl seit langem mit seinem Heere lag, und ließ ihm verkünden: »Ob es dir lieb ist oder leid, wenn du nicht binnen drei Tagen bei der Königin bist, so nimmt sie, ob auch nur schweren Herzens, einen anderen Fürsten zum Gatten.« »Wie soll ich in drei Tagen in mein Land kommen«, erwiderte König Karl, »bis dahin ist es wohl hundertundfünfzehn Nachtrasten weit.« Da sprach der Engel: »So weißt du nicht, daß Gott in seiner Gewalt alles tun kann, was sein Wille ist? Geh hin zu deinem Schreiber, der hat ein starkes und edles Pferd, das kaufe ihn ab um jeden Preis, den er fordert. Dieses Roß aber hat einen so schnellen Gang, daß es dich in einem Tage weit über Moos, Feld und Heide bis zur Stadt Raab tragen wird, dort machst du deine erste Rast. Am nächsten Morgen früh reitest du dann eilig weiter, bis du nach Passau hinauf an die Donau kommst, dort machst du deine zweite Rast. Die Sonne wird noch scheinen, wenn du dort in die Stadt sprengst. Daselbst wirst du einen freundlichen Wirt finden, der ein gutes und schönes Fohlen hat, das kaufe, so wird es dich am dritten Tage nach Aachen bringen.«

Sofort kaufte Karl seinem Schreiber das Roß ab und ritt des nächsten Morgens, wie der Engel ihm gesagt hatte, den gewaltigen Weg von der Bulgarei bis nach Raab, ungestüm dahinjagend, ohne nur einmal zu rasten. Am andern Tage ging es dann von Raab bis nach Passau, wo er richtig auch bald den Wirt fand, der ihm ein treffliches Nachtlager bereitete. Die Sonne schien noch, als er in die Stadt sprengte. Des Abends aber, als das Vieh zurückkam, lief auch das Fohlen daher, da faßte er's bei Kopf und Mähne und rief: »Herr Wirt, gebt mir das Fohlen, ich will es reiten über Feld und Moos.« »Ei«, erwiderte der Wirt, »das Fohlen ist zu jung, es wird Euch nicht tragen können.« »Laßt gehen, wie es gehen mag«, sagte Karl, »gebt mir das Fohlen her!« »Ich wollte es Euch gern geben, wäre es nur gezähmt und geritten.« »Gebt mir das Fohlen«, erwiderte Karl nochmals, da sprach der Wirt: »Wenn es Euch gar so lieb ist, so soll es Euch nicht verweigert sein.« Da erstand es der König um reiches Gold und gab dem Wirt das andere, auf dem er aus der Bulgarei bis hierher geritten war, noch als Kaufgeschenk dazu.

Des dritten Morgens früh rüstete sich der König, eilends bis nach Aachen zu reiten. Als er dort vor dem Burgtor ankam, fand er daselbst eine Herberge, deren Wirt ihn würdig aufnahm. Die Stadt war erfüllt von gewaltigem Schall, Flöten, Singen und Tanzen in allen Gassen. Da fragte der König, was es in der Stadt gäbe. »Kein größeres Hochzeitsfest ward je gesehen!« erwiderte der Wirt, »als das unsere gnädige Königin morgen früh mit einem reichen Fürsten begehen soll. Dazu hat sich viel Volks hier angesammelt. Um Eure Zehrung braucht Ihr nicht zu sorgen. Man verteilt Brot, Wein und Speisen an jung und alt in der ganzen Stadt, selbst für die Rosse, sah ich, trugen sie ungemessenes Futter herbei.« »Möge Speise vom Hofe nehmen, wer will«, sagte darauf der König, »ich mag gern aus Eigenem leben. Kauft für mich ein in der Stadt, hier ist Gold, lasset Eure Diener und Knechte wacker daran mitgenießen, und macht es aus dem Vollen!« Der Wirt erstaunte über seines Gastes Freigebigkeit und bereitete ein reiches Mahl. Da aßen und tranken sie in Paradieseswonne.

Als es Nacht geworden war und der König schlafen ging, bat er den redlichen Wirt, ihm einen Wächter mitzugeben, der in seiner Nähe bleiben sollte, so lange er zu Bette lag. Zu diesem sprach er: »Ich beschwöre dich, wenn sie des Morgens das Glöcklein auf dem Dome ziehen, wecke mich rasch, daß es mir sogleich bekannt werde. Diesen goldenen Ring setze ich dir zum Lohn, wenn du es genau besorgen willst.« Der Wächter tat, wie ihm geheißen war und rief, als er den Herrn noch schlafend fand: »Steht auf, Herr, und gebt mir, was mein ist! Soeben läuten sie das Glöcklein!« Da legte Karl sein reiches Gewand an und bat den Wirt, mit ihm zu gehen, damit er nicht etwa gefangen würde, denn er sei ein Fremdling hier am Ort. So gingen die beiden an das Burgtor, das noch fest mit Riegeln verschlossen war. »Ihr müßt hier unten durchkriechen«, sagte der Wirt, »doch werdet Ihr Euch das Kleid beschmutzen.« »Das acht' ich wenig, und wenn es ganz und gar verdürbe«, erwiderte Karl, hieß den Wirt heimgehen und kroch durch das Tor. Im Dome angelangt, setzte er sich auf den königlichen Stuhl, zog das Schwert aus der Scheide und legte es nackt über seine Knie. Da kam der Mesner, um die Bücher herzutragen; als er ihn so mit bloßem Schwerte dasitzen sah, verging ihm die Sprache, er lief, wo er den Priester fand, und sprach: »Im Dome sitzt schweigend ein greiser Mann auf dem heiligen Stuhl und hat sein bloßes Schwert über die Knie gelegt. Als ich zu dem Altar ging und ihn dort sitzen sah, brach mir der Schweiß aus allen Poren.« »Willst du uns narren?« sagten die Domherren. »Das wird dir bei uns nicht gelingen.« Da erwiderte der Mesner: »Es ist die Wahrheit, noch bin ich voll Schrecken. Wenn Ihr mir nicht glaubt, so gehet selbst hin und sehet!« Da ergriff einer der Chorherren eine Leuchte und begab sich ohne Zögern in den Dom: da sah er den Mann auf dem Stuhle sitzen. Das Licht entfiel seinen Händen, fliehend eilte er zum Bischof und sprach: »Hört an, wie es uns im Dome erging!« und berichtete, was er gesehen hatte. Als der Bischof dies vernahm, eilte er aus seinem Gemach. Zwei Knechte mit Lichtern mußten ihm leuchten, bis er vor den König kam, der immer noch mit nacktem Schwerte auf dem Stuhle saß. Da rief er von Grausen geschüttelt: »Laßt mich wissen, wer Euch irgend Leides getan oder was für ein Mann Ihr seid. Sprich, Gespenst, ich beschwöre dich beim Namen Gottes!« Der Greis mit dem Schwerte antwortete: »Einst kanntet Ihr mich wohl, als ich noch König Karl hieß und größere Gewalt besaß, als irgend einer unter den Menschen.« Da trat der Bischof näher und erkannte ihn. »Willkommen, lieber Herr«, rief er, schloß ihn in die Arme und führte ihn in sein reiches Haus. Alle Glocken ließ er zusammenläuten, daß die Stadt davon erdröhnte und Einheimische und Gäste verwundert Kunde verlangten, was die Bedeutung des gewaltigen Schalles sei. Als sie erfuhren, König Karl sei wiedergekehrt, forderten alle Gäste stürmisch ihre Rosse und flohen über Stock und Stein, und wer nicht reiten konnte, stürzte sich in wilder Angst über die Mauern zu Tal, daß die ganze Stadt von dem Lärm der Fliehenden erfüllt war. Der Bischof aber bat Karl, der Königin zu verzeihen, da sich alles ohne ihre Schuld zugetragen. Dies gewährte er gern und lebte fortan in Liebe mit ihr bis an das Ende ihrer Tage.

Das Natternrecht

Karl der Große war der beste Richter, den je ein Auge sah, umjubelt von Dankbarkeit, wo immer er Gerichtstag hielt. An jeder Stätte, wo er weilte, pflegte er eine große Glocke aufrichten zu lassen, um der Armen willen, damit sie sie läuteten, wenn ihnen Unrecht widerfahren war. So oft dann die Glocke erklang, dachte er an den Zorn und das Gericht Gottes, und richtete weise und gerecht.

Eines Tages nun, als er bei Tische saß und ein reiches Mahl mit Hühnern und Fischen aufgetragen war, hörte er laut die Glocke ertönen. »Dies wird ein Armer sein«, sprach er, »dem irgend Leides geschehen ist. Aber ich will ihm Recht verschaffen, bei meinem Leben, es sei nun Mann oder Weib.« Sogleich gingen die Hüter hinaus, um nachzusehen, wer Recht vom Könige begehre, aber sie erblickten niemand, weder Weib noch Knecht. Dies sagten sie dem Könige an, da erscholl die Glocke zum zweiten Mal. »Geht nochmals hin«, sprach Karl, »und bringt Ihr mir nicht den Mann, der dort in Nöten läutet, so sollt ihr bei Gott des Todes sein!« Die vier Leute, die zu Hütern der Glocke bestellt waren, eilten darauf hinaus, sahen sich nach allen Seiten um und bückten sich, ob sie nicht etwa jemand zu entdecken vermöchten, aber so viel sie auch hier und dorthin spähten, es war kein Mensch ringsum zu finden. So gingen sie denn wieder vor den König und sprachen: »Wir sehen niemand, der die Glocke geläutet hat.« Kaum aber war das Wort heraus, so ertönte das Läuten zum dritten Male. Wieder schwur der König ihnen den Tod, wenn sie ihm den Mann nicht brächten; da gingen die vier bebend hinaus und klagten, daß ihnen um nichts der Tod bestimmt sei. Da sah einer von ihnen in die Glocke hinein und gewahrte darin eine lange Natter, die sich um den Klöppel geschlungen hatte, daß die Glocke davon zu schallen begann. Da drangen sie vor den König: »Ist es jemand«, rief dieser, »dem Schaden angetan wird, so führt ihn vor mich her, damit ich Gericht darüber halte!« »Herr«, erwiderten die Hüter, »wir haben niemand gesehen als eine große Natter, die sich um den Schwengel geschlungen hat und ihn stoßend schwingt. Es ist gar ein greulich Untier.« »Dies ist ein Gotteswunder«, erwiderte Karl, »vielleicht trauert sie, weil ihr ein Leid geschehen, das sie mir klagen möchte. Tut auf die Tür, laßt sie herein, ich muß sehen, was Gott mit ihr vor

hat und wie es um sie beschaffen ist!« Da kroch die schreckliche
Natter ohne Furcht von der Glocke herab und schlängelte sich bis
an die Tür. »Laßt sie herein«, sprach der König, »ihr Gang ist schlei-
chend, was mag sie begehren?« und verbot aufs strengste, sie zu
verfolgen oder ihr ein Leid anzutun. »Sagt an. Ihr Herren«, rief er,
»was beginnt sie?« »Sie geht auf Euch zu!« sprachen diese, »nun
legt sie sich zu Euren Füßen hin.« Da sagte der König: »Kein Zwei-
fel, sie begehrt Gnade und will Gericht von mir und daß ich ihre
Not schlichte. So gebiete ich dir denn, mir deinen Kummer zu of-
fenbaren! Bei Gott, dem nichts verborgen ist, tu mir zu wissen,
welch ein Leid dich betrübt!« Da kroch die Natter wieder aus dem
Zimmer und die vier Hüter mußten ihr folgen, das Wunder zu
schauen. Langsam schlich sie in einen Baumgarten bis in ein dichtes
Dornicht, wo kein Mensch ringsum zu sehen war. Das zerwarfen
die vier Hüter und erblickten nun eine Kröte, wie sie breit auf den
Eiern der Natter lag, dem Tier zu Leide. Da ward die Kröte vor den
König gebracht und sogleich gerichtet, indem man sie mit einem
Spieße durchstach.

Der Teufelspapst

(Jansen Enenkel)

Es war einmal ein Papst zu Rom, der auf eine seltsame Weise zum Amte kam. In seiner Jugend war er ein Spieler und wüster Lottergesell und jeder Tugend bar, nur daß er die Wissenschaft des Lesens und Schreibens in hohem Maße besaß und in allen gelehrten Schriften und den beiden Testamenten erstaunlich tief bewandert war. Da es ihm aber der Würfel angetan hatte, verspielte er zuletzt alles, was er besaß, und wurde so arm, daß er hungernd und nackend in den Straßen umherlief. Da dachte er: »Soll ich noch lange so arm bleiben? Ich will Seel' und Leib und Leben dem Teufel verschreiben.« Er ging an einen Kreuzweg hinaus, umriß sich mit einem Kreise und rief, von Fieber geschüttelt, den Teufel herbei. In schrecklicher Fahrt kam dieser herangezogen: »Was willst du, Lotterpfaffe?« rief er, »was mühst du mich, elender Tropf?« »Mich beschwert meine Armut«, erwiderte der nackte Mann, »ich will mich in deine Lehre begeben, nenne den Preis!« Da sprach der Böse: »Willst du mir folgen, so lehr' ich dich bald, wie du ein gewaltiger Mann wirst und alle Christen insgemein dir gehorchen müssen. Gib mir nichts als deine Seele und ich will dich zum Papst machen auf dem Stuhle zu Rom. Doch du mußt sie mir zu Lehen geben, dergestalt, daß ich dich an dem Tage, da ich dich zu Jerusalem im päpstlichen Ornate stehen sehe und du anhebst auf dem Altare zu singen, fortführen kann, wohin es mir gefällt, in Hölle oder Fegefeuer.« »Ich wäre ein rechter Narr, tät' ich das nicht«, dachte der Lotterpfaffe. »Wann komme *ich* nach Jerusalem? Daß mich der Teufel dort holte, wird nimmer geschehen. Wer heißt mich denn, über Meer fahren?« »Wohlan«, rief er, »wenn du mich zum Papst erhöhst, so bin ich dein mit Leib und Seele.« Da hieß ihn der Böse, ihm einen Brief geben, zum Zeichen dessen, daß er sich seiner Freiheit abgetan habe. Er stach ihn tief in den Finger, so daß das Blut herausspritzte, und schrieb selbst damit die Erklärung. »Und nun mache dich auf und kehre vor des Bischofs Tür!« sprach er dann zu dem Schreiber, »von dort soll der Anstieg deines Glückes beginnen.«

Sogleich ging der Elende von bannen und ruhte nicht, bis er zu dem Bischof kam. Aber niemand trat heraus, ihn freundlich zu empfangen; da stand er draußen vor der Tür, kein Mensch ließ ihn ein. Doch da geschah es auf des Teufels Rat, daß des Bischofs

Schreiber eben fort zum Weine gegangen war, und dabei so trunken geworden, daß er nicht mehr trunkener sein konnte. Der Bischof aber hatte einen dringenden Brief zu schreiben und wollte ihn eiligst fortgesendet haben. Als er nun nach dem Schreiber schickte, fügte es der Teufel, daß dieser in seiner Trunkenheit nirgends zu finden war, so daß der Bischof laut aus seinem Gemache rief: »Wär' doch einer da, der mir einen Brief zu schreiben verstünde, ich wollte ihn reich machen.« Als dies der arme nackte Mensch vor der Tür vernahm, erbot er sich, dem Bischof seinen Willen zu tun: »Wenn Ihr mir's anvertrauen wolltet«, sprach er, »ich schrieb' Euch den Brief gar schön. Denn ich bin reich an Künsten, seht meine Hände an, daran mögt Ihr es erkennen. Und ginge es um eines Reiches Wert, Ihr wäret mit mir nicht betrogen, denn meine Schrift ist edel und zart.« Der Bischof ließ ihn sich also versuchen und übergab ihm die Materie. Da schrieb der nackte Mann einen Brief, wie er besser nie geschrieben worden. Als der Bischof das kunstreiche Werk durchgelesen hatte, erstaunte er und sprach: »Wahrlich, wolltest du vom Würfelspiele lassen, ich nähme mich gerne deiner an.« Da verschwur jener sich, ihm zu gehorchen, und für immer dem Spiele zu entsagen. Der Bischof ließ ihm sogleich durch seinen Kämmerer neue Kleider bringen, die aus kostbaren Stoffen von Ypern hergestellt waren, und schuf ihm eine ehrenvolle Stellung in seinem Hause. Zwar spielte der neue Bischofsschreiber noch, aber der Teufel wandte ihm die Würfel zum Gewinn, so daß er, ohne daß jemand dessen inne wurde, auf höllische Weise so viel im Spiel erwarb, als er nur haben wollte.

So ging ein volles Jahr dahin: von Tag zu Tage gewann ihn der Bischof lieber, als er seine Fähigkeiten erkannte, machte ihn reich und pflegte die wichtigsten Botschaften an den Papst durch ihn besorgen zu lassen. Wenn er dann zurückkam und alles so glänzend von ihm gerichtet worden, als man nur wünschen mochte, umarmte ihn der Bischof: »Nicht Jud noch Christ noch Heide möchte mich von dir scheiden«, rief er, »so wert bist du mir. Dein Glück wird mir immer am Herzen liegen.«

Da geschah es nun eines Tages, daß der Bischof ihn hieß, sich bereit zu halten, um wieder in einer wichtigen Angelegenheit nach Rom zu fahren. Als der Schreiber nun so fünf Tagstrecken lang seines Weges dahingezogen war, kam ihm plötzlich ein Bote nach und sagte ihm an, der Bischof sei gestorben. Vor den Papst gelangt, dessen Freundschaft er sich seit langem gewonnen, wurde er gütig aufgenommen: »Schreiber, lieber Freund«, sprach der Papst, »du sollst nun selber Bischof sein.« Sogleich wurde ihm das Bistum übergeben, denn der Teufel hatte dies dem Papste eingeflüstert.

Bischof geworden, lebte nun der Schreiber in Glanz und Verschwendung und gewann sich Aller Herzen durch Gastfreundschaft und Edelmut. Als aber drei Jahre so dahingegangen waren, starb der Papst, und die Wahl fiel nun einstimmig auf den prachtliebenden Bischof. Patriarchen, Kardinale und Fürsten, denen die Wahl oblag, waren alle insgesamt der Meinung, er und kein andrer müsse Papst werden. So bezog er denn den heiligen Stuhl und saß, vom Teufel erhöht, zu Rom gewaltig über die ganze Christenheit.

Da – eines Tages – traten seine Kapläne vor ihn hin und sprachen: »Herr, es ist Amt des Papstes, daß du morgen zu Jerusalem sein und in vollem Ornate an dem Altar singen sollst!« Da der Papst diese Worte gehört, wunderte er sich und sprach: »Wie soll das geschehen? Jerusalem liegt weit überm Meere, wie sollt' ich da morgen in der Kirche zur Messe sein? Es fährt kein Schiff über einen Tag und eine Nacht so fernhin über die See.« »Herr,« erwiderten die Kapläne, »wir meinen es anders, als du uns verstehst. Es ist eine Kirche hier nahe bei, darin jeder Papst am morgigen Tage das Hochamt halten muß. Die Kirche heißt zu Jerusalem und ist weithin bekannt.« »So ist meine Seele verloren«, dachte der Papst. Als der Morgen heraufkam, mußte er mit den Kardinalen dahin ziehen, ihm bebte das Herz. Das Haar stand ihm zu Berge, als sie zu Jerusalem herangeritten kamen. Dann kleidete er sich in den reichen päpstlichen Ornat, wie ihn die Päpste zum Hochamt tragen, und bestieg die Treppe zum Lektorium. Ehe er jedoch hinaufschritt, rief er in Gegenwart von Laien und Priestern seine vier Knappen zu sich und sprach zu ihnen: »Wollt ihr schwören, zu tun, was immer ich euch heiße?« Da hoben die Knappen die Hände zum Eid. »So gehet hin,« befahl er, »und bringt einen Block daher, dazu ein scharfes Beil und ein kräftiges Messer.« Dann stieg er empor. Als er sah, daß Block, Beil und Messer hereingebracht worden, erhub er die Hände und rief: »Andächtige, ich stehe hier, um schwere Schuld vor dieser Christenheit zu beichten. Denn wie ein schwächliches Weib hat mich der Teufel bezwungen und ich habe ihm Seel' und Leib gelobt, auf daß er mich hier zum Papste mache. Heute aber ist der Tag, da er mich von hinnen führen soll, so möge Gott sich meiner erbarmen!« Als er nun alles gestanden, wie es sich zugetragen und wie er durch teuflische Kunst auf den heiligen Stuhl gelangt, hieß er seine vier Knappen herankommen und sprach zum Ersten: »Schlage mir die Füße ab, sie trugen mich zu dem Teufel hin!« Das geschah. Dann sprach er zu dem Zweiten: »Ich will die Hände nicht haben, sie verschrieben mich dem verfluchten Geist! Schlag zu!« Da geschah auch dies. Darauf befahl er dem Dritten: »Schneide mir die Ohren ab, mit den ich ihn gehört, die Nase, die seinen Geruch gewittert! Stich mir die Augen aus, die gierig nach seinem Anblick waren, schneide mir die fleischene Zunge aus dem Rachen, denn sie hat die Ordnung zerbrochen durch die Worte, die sie zu ihm redete.« Zu dem Vierten aber sprach er: »Wirf alles den Teufeln hin, daß sie es gewaltig mit sich forttragen in ihr höllisches Reich!« Da ward es den Teufeln hingeworfen. Die zögerten nicht länger und spielten Ball mit den abgerissenen Gliedmaßen, in Gegenwart der ganzen Versammlung. Wie es aber Gott dort mit dem Teufelspapste schuf, darüber ist noch keine Kunde an die Ohren der Menschen gedrungen.

Saladin

(Jansen Enenkel)

Es lebte einmal ein König, namens Saladin, dessen Freigebigkeit war so groß, daß er seine ganzen unermeßlichen Schätze unter die Menschen verteilte: seine Rosse, Gewänder, Gold, Silber und Edelgestein gab er dahin und behielt von allem so gut wie nichts für sich selber. Nur einen Tisch von hoher Kostbarkeit verwahrte er wohl und mochte ihn nicht verschenken. Dieser Tisch war aus einem einzigen Riesensaphir gemacht und hatte seinesgleichen nicht in der ganzen Welt. Seine Länge betrug drei Ellen, seine Breite zwei Ellen und das Gestelle bestand aus lauterstem Golde. Der König konnte sich seines Anblicks nicht ersättigen und ließ ihn oft vor sich bringen, um seine überirdische Pracht zu beschauen. Könige und Fürsten drängten sich, das Wunder zu bestaunen, und mehr als einer hätte sein Land um den Besitz des herrlichen

Tisches gegeben. Im übrigen aber lebte der große Fürst in Armut und Gebresten: zehntausend Pfund roten Goldes, die er besessen, hatte er dahingegeben, denn er hatte das mildeste Herz und konnte keine Bitte versagen.

Allein so groß seine Seele war, vermochte sie ihn dennoch nicht vor Leiden zu schützen: er wurde krank und siechte dahin. Als er des Übels inne ward, sandte er nach guten Meistern aus und hieß sie, sein Wasser zu untersuchen. Sie alle erklärten übereinstimmend, er könne nicht mehr genesen und sei dem Tode reif. Da erhub sich ein gewaltiges Klagen um den gütigen Herrn, Ritter, Frauen und Edelfräulein und das ganze Volk brachen in lauten Jammer aus. Als der fromme Heide sah, daß er von der Erde und all ihren Gutem scheiden müsse, ward ihm traurig zu Mut: »Soll ich nun scheiden«, sprach er, »wahrlich, so muß ich denken: wie soll meiner Seele geschehen? Wer nimmt sie auf in seinen göttlichen Schutz? Soll ich sie Mahomet empfehlen? So werden die Christen meiner spotten. Denn sie sagen, ihr Gott sei stärker denn Mahomet, und keiner ist unter ihnen, der es nicht bezeugte. Die Juden aber sagen wieder, ihr Gott sei der Stärkste von allen. Wo ist Wahrheit? Denn jene reden so und die andem wieder anders. O Jammer über Jammer, wüßt' ich, welcher von diesen Göttern der höchste sei, dem würd' ich ohne Säumnis meinen Tisch geben, daß er sich mein erbarme. Da ich nun aber den rechten nicht wissen kann, und ich an allen dreien zweifle, so will ich den wunderbaren Edelstein in drei Stücke zerschlagen, auf daß jeder von ihnen seinen Teil habe.«

Sogleich befahl er, den Tisch vor ihn zu tragen, ergriff ein Beil und zerschlug das Wunder der Welt in drei Teile: den einen gab er Mahomet, den zweiten dem Christengott, den dritten dem Gott der Juden. »So habe ich meine Seele gerettet«, rief er, »welcher nun der Stärkste sei, der muß mich drüben behüten. Bist du es Mahomet, so befreie mich von aller Not, wenn meine Seele ausfährt! Bist es du, Gott der Christen, so nimm mich auf zu dir, wenn der Atem aus meinem Leibe geht! Ist aber der Stärkste, den die Juden anbeten, so schaffe er mir das ewige Leben, wenn mir das Licht erlischt und die Finsternis eintritt!« »Verlaßt mich nicht, ihr Götter!« schrie er auf, sank erbleichend um und war im selben Augenblicke tot.

Marius mit den drei Frauen

In Schwaben lebte einmal ein wackerer Ritter, Marius mit Namen, der hatte eine Frau genommen, die so alt war, daß sie schier seine Mutter hätte sein können, aber sich durch Erfahrung und Güte des Herzens vor vielen Frauen hervortat. Die beiden lebten in einem stattlichen Hause, das die Frau in die Ehe mitgebracht, denn der Ritter war arm. Ringsum befand sich ein grüner Hag, der zur Sommerszeit voll Rosen stand, dahinter aber dehnte sich ein köstlicher Baumgarten mit allerlei Gesträuch und edlen Fruchtbäumen, in dem sich noch ein zweites, nur kleines, aber wohlgebautes Haus befand, darin sie die heißen Tage des Jahres in der Kühle zu verbringen pflegten. So lebten sie in Glück und Zufriedenheit und trotz des verschiedenen Alters in ungestörter Eintracht miteinander.

Eines Tages nun wollte der Ritter sich eine Kurzweil machen und begab sich mit seinen zwei edlen Hunden auf die Jagd. Nachdem er glücklich drei Hasen erlegt, machte er sich auf den Heimweg und ritt versonnen langsam auf seinem Rosse dahin. Es war gegen die Abendzeit, die Sonne schien rötlich durch die Bäume. Als er aufblickte, sah er mit einem Male an dem geöffneten Fenster eines ärmlichen Hauses ein Mägdlein stehen und ins Freie schauen. Ihr gelbes Haar fiel in langen, geringelten Locken um ihr süßes Gesicht, das im Widerschein der sinkenden Sonne erstrahlte, ihre Augen waren dunkel und groß, ihr Mündlein rot und halb offen. Sie hielt eine halb aufgeblühte Rose in der Hand. Da war es ihm, als sei plötzlich eine zweite Sonne aufgegangen, deren Glanz nicht blendete: das Blut schoß ihm gewaltsam zum Herzen und eine ungekannte Lähmung ermattete ihm wohlig und quälend die Glieder. Nachdem er der Schönen einen freundlichen Gruß geboten, fragte er, warum sie hier so allein am Fenster stehe? »Ich erwarte meine Mutter«, erwiderte sie, »sie ist schon alt und heute um Holz in den Wald gegangen. Aber die Nacht ist schon nah.« »Seid Ihr denn so arm?« fragte der Ritter. »Mein Vater war selbst ein Ritter«, entgegnete das Mägdlein, »und wegen seiner Tapferkeit weit und breit berühmt. Aber seit er gestorben ist, sind wir leider verarmt.« Da bat er sie mit eindringlichen und lieblichen Worten, sie möge ihm gestatten, zu ihr in die Stube zu kommen, damit sie ein Stündlein miteinander verplauderten. »Gern«, sagte sie, »wenn meine Mutter zu Hause wäre.

So aber darf es nicht sein.« Dabei konnte er durch das Fenster in die Stube hineinsehen, in der es hell und freundlich, blank und alles voll schneeweißen Linnens war. Seine Worte wurden immer glühender, sie aber weigerte sich beharrlich, so daß ihm am Ende nichts übrig blieb, als weiterzureiten. Als er sich jedoch noch einmal umsah, bemerkte er, daß das Röslein, ihren Händen entfallen, auf dem Boden lag und das Fenster geschlossen war. Da gab er seinem Rosse die Sporen und ritt, als ob ihm ein großes Glück widerfahren, freudig in den Frühlingsabend hinein.

Seit diesem Tage war es ihm aber, als habe er sein Leben verwirkt: immer, wo er auch ging und stand, schwebte das zierliche Bild der Schönen vor seinen Augen, die er dort im Fenster gesehen, so daß er weder schlafen noch essen mochte und seine Gesichtsfarbe bleich ward. Er wäre entschlossen gewesen, als ein armer Pilger gen Rom zu fahren, dem heiligen Vater zu Füßen zu stürzen und seinen Dispens zu erflehen, um das Mägdlein zu seiner Gattin zu machen, hätte die Alte ihn nicht gedauert, die ihn als seine Frau stets geehrt und mit unwandelbarer Güte behandelt. Diese merkte die Änderung wohl, aber sie fragte nicht danach und ging wie sonst hantierend und still, so daß ihre Gegenwart nur selten merkbar wurde, im Hause umher. Bald darauf veranstalteten die Ritter und Edelleute der Gegend eine Lustbarkeit im Freien: man sollte sich mit Rossen und vielen Spielleuten an einem gewissen Orte auf dem grünen, mit Linden bestandenen Plane treffen und unter Schall und Jauchzen mit Tanz und allerlei Kurzweil den Maientag verbringen. Dort traf der Ritter auch die Schöne wieder: sie trug nur ein ärmliches Kleid von farbigem Linnen, aber er ging sogleich auf sie zu und trat mit ihr zum Tanze an, während ringsum Musik und Gelächter erscholl. In der Nähe befand sich ein einsames Gehölz, da war es still darin, kaum daß Laub und Blumen im Winde wehten und die Vögel in den Ästen sangen. Dort führte er sie hin und redete ihr von seiner Liebe, und daß er so nicht länger zu leben gedächte und sterben müßte, wenn sie ihm nicht zu Willen sei. Sie saßen auf einer grünen Wiese inmitten des lieblichsten Waldes, er hatte unbewußt den Kopf in ihren Schoß gelegt. Aber sie erwiderte: »Nein, Herr, Euer Weib kann ich nicht werden, und Eure Geliebte zu sein verbietet mir der Name meines edlen Vaters, der nun gestorben ist.« Da schwur er ihr zu, nach Rom zu pilgern und vermöge mächtiger

Verwandten, die er besitze, den Dispens des heiligen Vaters zu erlangen. Aber sie schüttelte verneinend das Haupt. »Ich sehe«, sagte sie, »wie sehr Ihr mich liebt und daß Ihr um meinetwillen das Äußerste tun wollt. Doch kann ich keinem Manne in die Ehe folgen, wer er auch sei. Denn wovon sollte meine alte Mutter leben und wer ihr Pflege und Stütze sein, wenn ich nicht mehr für sie nähen und sticken sollte und aus dem Hause ginge?« »So schwöre ich dir zu«, entgegnete er, »daß ich mich's nicht will verdrießen lassen und deine Mutter mit zu mir nehmen. Ich will sie ehren, als ob sie selber mich geboren hätte.« Da beugte sie sich über ihn, und sie küßten sich Mund und Wangen und verbrachten die Stunde in hoher Glückseligkeit.

Als er nach Hause kam, fiel es ihm schwer aufs Herz, daß seine alte, gütige Gattin noch nichts von den Plänen wußte, die er gemacht hatte. Er wagte es lange nicht, ihr davon zu sagen, endlich aber ermannte er sich und klopfte leise an die Tür zu ihrer Kemenate. »Wer ist draußen?« fragte sie. »Ich bin's, Euer Gatte«, erwiderte er und trat ein. Sie saß gerade beim Fenster, um der frischen Luft zu genießen, lud ihn freundlich zum Sitzen ein und fragte, da sie ihn verstört sah, liebevoll nach seinen Wünschen: »Herrin«, sprach er, »Ihr seid immer gütig zu mir gewesen, das lohn' Euch unser Gott im Himmelreich! Aber ich kann nun nicht länger bei Euch bleiben.« Die Frau erschrak über seine Worte und fragte, was ihm widerfahren sei? »Die den Wolf und die Schlange bezwingt«, erwiderte er, »hat auch mich bezwungen und verwandelt. Ich weiß nicht, ob es Gott oder Teufel ist, der mir dies eingegeben, doch hat die allmächtige Liebe, die alles verzaubert, auch mich zu Schanden gemacht.« Dann erzählte er ihr, was sich inzwischen zugetragen, und daß er nach Rom pilgern wolle, um den heiligen Vater anzuflehen.

Die Frau erwiderte nichts und bat ihn nur hinauszugehen. Am nächsten Tage aber, als er schon zu Bette lag, erschien sie plötzlich in seinem Zimmer, setzte sich freundlich zu ihm, ergriff seine Hand und sprach: »Als ich Euch nahm, Herr, wußte ich wohl, daß ich Euch nicht für immer würde halten können. Auch bemerkte ich die Veränderung gut, die in letzter Zeit mit Euch vorging. Aber ich bin alt und Ihr seid jung, so dachte ich: Was nicht heute kommt, wird doch morgen kommen, und ließ es hingehen. Doch wäre ich nicht Euer Weib geworden, hätte ich Euch nicht lieb gehabt.« »Und was gedenkt Ihr nun zu tun?« entgegnete der Ritter. – »Ich habe nun lange gelebt und wohl gesehen, daß alles geschieht, wie Gott es will. Sollte ich mich nun kläglich gebärden und über einen Verlust jammern, den ich nicht aufhalten kann? Ich denke, es ziemt mir besser, ihn, so gut ich es vermag, wieder ins Gleiche zu bringen. So schlage ich denn vor, daß Ihr mit Eurem jungen Weibe dieses Haus bezieht, darin wir bisher gewohnt haben. Ich selbst aber will indessen in dem Gartenhäuslein, wo wir sonst die heißen Tage zu verbringen pflegten, mein Lager aufschlagen. Ihr wißt, es ist ein angenehmer Aufenthalt, man hört daselbst den ganzen Tag die Vögel singen. So ist Euch und mir zugleich geholfen, und wir können noch in Frieden miteinander altern.« »Allein«, erwiderte der Ritter, »was soll ich mit meines jungen Weibes Mutter beginnen? Denn sie hat zur Bedingung gestellt, daß ich auch diese zu mir nehme und ihr alle erdenkliche Ehre erweise.« »Auch da wird sich wohl Rats schaffen lassen«, sagte die alte, gütige Frau. »Es sind in dem Gartenhäuslein zwei freundliche, hübsche Stübchen, von denen möge sie das andre nehme und mit mir zusammen in dem Hause wohnen. Ich denke, so werden wir beiden Alten noch manche Freude an Euch Jungen erleben.« Und wie die Frau gesagt, so geschah es auch. Sie selbst schenkte dem Ritter Roß, Schwert und Gewand, damit er nach Rom ziehe, wo es ihm denn auch gelang, durch Einfluß seiner mächtigen Verwandten den Dispens zu erringen. Nachdem er nun zurückgekehrt, die Hochzeit im stillen gefeiert und die Häuser bezogen waren, sah man den Ritter nicht anders mehr auf der Straße als an der Seite seines jungen, blühenden Weibes, hinterher aber trotteten stets zwei Alte, selbst strahlend vor Glück und Zärtlichkeit für ihre Kinder, wie sie sich ausdrückten. So kam es, daß der Ritter von den Leuten nur noch Marius mit den drei Frauen genannt wurde.

Helmbrecht

(Wernher der Gärtner)

Eines Bauern Sohn, nach seinem Vater, dem Meier, gleichfalls Helmbrecht genannt, besaß das herrlichste Haar: blond und üppig fiel es ihm in vollem Gelock über die Achseln, gefangen in eine haubenartige Mütze, auf der allerlei kostbares Bildwerk zu sehen war: vom Hinterkopf bis an den Scheitel war da mannigfaltiges Gevögel darauf genäht, Sittiche und Tauben, als ob sie geradewegs aus dem Spessart auf die Mütze geflogen wären. Am rechten Ohr war die Belagerung und der Fall Trojas abgebildet, mit mancherlei sinkenden Türmen und stürzenden Steinmauern, daneben Aneas' Flucht zur See in den Schiffen. Auf der linken Seite wieder erblickte man Karl, Roland, Turpin und Olivier, die vier Kampfgesellen, wie sie Wundertaten wider die Heiden verrichten. In der Mitte aber, zwischen dem linken und rechten Ohr, befand sich auf dem Bräm, von glänzender Seide genäht, ein Kranz: darinnen sah man einen Tanz, von der Art, wie sie heute noch üblich sind, gar lieblich dargestellt: ein Ritter hält zwei Frauen, ein Knappe zwei Mädchen an den Händen, daneben eine Gruppe von Fiedlern. Diese wunderbare Mütze hatte eine Nonne genäht, die, vom Zauber der Welt verlockt, aus ihrer Zelle entlaufen war. Helmbrechts Schwester Gotlinde hatte ihr, als sie sah, wie unter ihren kunstfertigen Händen all das kostbare Zierwerk entstand, eine Kuh dafür geboten, die Mutter ihr manches Zweierstück, Käse und Eier zugesteckt; sicherlich hatte die Nonne vordem, als sie noch nach dem Refektorium ging, nie so viele Eier aufgebrochen und Käse verschmaust wie nun als eine Landflüchtige.

So trug auch wohl kein elender Bauernknecht je eine so herrliche Mütze wie dieser junge, wilde Helmbrecht. Aber damit nicht genug, schenkte ihm seine Schwester noch eine Menge zarten weißen Linnens, das war so haarfein gewebt, daß wohl sieben Weber davongelaufen waren, ehe es fertig wurde. Dazu gab ihm die Mutter schönes Wollenzeug von der köstlichsten Art, einen glänzenden Pelz von Waldtierfellen, zwei Gewänder, Kettenwams und Schwert, darnach noch Dolch und eine breite Tasche. Als sie den Burschen so ausgestattet hatten, war er unzufrieden und sprach: »Mutter, ich muß noch einen Oberrock darüber haben, das ertrüg ich nicht, blieb ich ohne den. Aber so kostbar muß er sein, daß, wenn ihn dein Auge erblickt, dir das Herz vor der Pracht deines Sohnes erzittert, wenn du mich über Land fahren siehst.« Sie hatte noch ein Röcklein zusammengelegt im Schrank, das holte sie nun hervor und gab es ihm. Dazu kaufte sie blaues Tuch und ließ ihm einen Oberrock herstellen, daß nie ein Meier zwischen Wels und dem Traunberg je köstlichere Arbeit auf dem Leibe trug: das Rückgrat entlang vom Gürtel bis an den Nacken stand ein Knöpflein neben dem andern, allesamt rot vergoldet, desgleichen vorne herab, aber silberweiß, vom Kragen bis an den Gürtelschluß. Drei kristallene Knöpfe, weder zu klein, noch zu groß, dienten ihm als Busenschließe, dazu war seine ganze Brust mit Knöpflein bestreut, gelben, braunen, grauen, blauen, roten, schwarzen und weißen, die sah man schon von ferne glänzen und blitzen. Da blickten ihn Frauen und Mädchen gar lieblich an, wenn er zum Tanze ging. Die Naht, wo der Ärmel an das Brustteil schließt, trug er ganz und gar mit Glöcklein behangen, die huben laut zu schellen an, wenn er in den Reigen sprang, daß es den Weibern gar hell in die Ohren klang. Mutter und Tochter hatten manches Huhn und Ei verkaufen müssen, ehe sie so viel gewannen, um dem Stolzen auch noch Hosen und Stiefelschäfte zu kaufen.

»Mir steht der Sinn danach, zu Hofe zu gehen«, sagte Helmbrecht zu seinem Vater. »Mutter und Schwester haben mir reichlich gegeben, darob ich ihnen Zeit meines Lebens hold sein will. Doch nun, lieber Vater, ist die Reihe an dir!« Den Alten bekümmerte diese Rede, höhnend sprach er zu seinem Sohne: »Ei, soll ich dir zu den Kleidern noch einen schnellen Hengst geben, der lange läuft und über Zäune und Gräben springt, damit du nicht am Ende gar zu Fuße bei Hof ankommst? Lieber Sohn, laß ab von dieser Fahrt! Das höfische Wesen ist hart für den, der nicht von Kindheit an darin gelebt hat. Leiste mir, so leist' ich dir! Leite das Ackergespann, führe den Pflug, baue die Hufe! So wirst du mit Ehren zur Grube fahren gleich mir.«

Da entgegnete der Sohn: »Schweig und laß ab von solchen Reden! Es ist nichts mehr daran zu ändern: ich will, so wahr Gott mir helfe, sehen, wie es dort bei Hofe schmeckt. Sollen deine Säcke meinen Kragen reiten? Soll ich Mist fassen auf deinen Wagen? Daß Gott mich hasse, wenn ich je noch deine Ochsen joche oder dir den Hafer säe, das schickte sich schlecht für meine langen gelben Haare und zierlichen Locken, meine prächtigen Röcke und die kostbare Mütze mit den Tauben, von Frauenhänden darauf genäht.« »O bleibe bei mir!« erwiderte der Vater, »Meier Ruprecht will dir sein Kind zum Weibe geben, dazu Schafe, Schweine und Rinder, alte und junge die Menge! Bei Hofe wirst du nur Hunger leiden und hart darniederliegen, denn glaube mir, es gelingt keinem, der sich wider seinen Stand empört. Dein Stand aber ist der Pflug, und so würdest du bloß den wirklichen Hofleuten zum Spotte dienen, daß du, ein Bauer, dich unter sie mischen willst!« »Hei!« fiel ihm der Sohn in die Rede, »hätt' ich nur ein Pferd, an höfischen Sitten traut' ich mich hinter keinem zurückzustehen, der von je am Hofe gewesen. Wer, der die glänzende Mütze auf meinem Haupte sieht, verschwüre es nicht mit tausend Eiden, daß ich Euch je das Ackergespann geleitet und den Pflug durch die Furchen geführt? Wer merkt noch, daß ich das Korn auf der Tenne drosch oder Stecken in die Erde stieß, für Euch oder einen andern, wenn ich die Kleider anlege, die Mutter und Schwester mir geschenkt? Steck' ich Fuß und Beine in meine prächtigen Hosen und die Schuhe von Korrun, so ist keiner, der mir ansähe, daß ich einmal Zäune geflochten! Glaubt mir, dem Meier Ruprecht zum Eidam taug' ich nicht. Soll ich mich gar um Weiber verliegen?«

»Höre mich, Sohn«, rief der Vater. »Wenn du einem geborenen Hofmann gleichen willst, so wird er dich darum mit Haß verfolgen. Wenn ein rechter Hofmann einem Bauern alles nähme, was er je erwarb, zuletzt ist der Sieg doch sein. Wenn du aber einem Hofmann nur ein Häufchen Futter nimmst, flugs ist er über dir, macht dich zum Bürgen und Pfand für alles, was ihm je genommen worden, und erschlägt dich um deinen Raub!« »Laß es gehen, wie es gehen mag«, erwiderte der Sohn, »ich ziehe. Mögen doch deine andern Söhne sich mit Pflügen mühen, vor mir soll nur noch das Gebrüll der Rinder erschallen, die ich um die Ecke treibe. Was hindert mich denn außer diesem elenden Roß, daß ich nicht mit meinen Gesellen dahinsause und die Bauern am Haare durch die Hecken schleife? Wenn ich nun drei Jahre lang ein Fohlen oder ein Rind zöge, um einen mageren Gewinst zu erzielen, was sollte das mir? Ich will rauben alle Tage, wohl leben und meinen Leib vorm Winterfrost schützen, drum gib mir endlich das Pferd, um das ich dich bitte.«

So blieb denn dem Vater nichts zu tun übrig, als ihm den Hengst zu kaufen, um den er dreißig Lagen vom besten Loden, vier Kühe, zwei Ochsen, zwei Stiere und vier Scheffel Kornes gab. Als der Sohn nun fahrtbereit war, warf er den Kopf und prüfte mit dem Blicke seine beiden Achseln: »Mir ist so wild zu Mut, ich könnte Steine durchbeißen, hei, was Eisens möcht' ich mit meinen Zähnen zermalmen! Der Kaiser nähm' es als Gewinn, fing' ich ihn nicht, schleppte und schatzte ihn bis in den Schlund! Denn nun geht es quer durch die Welt, den Blick gradaus in den Zufall gerichtet! Gebt mich frei, Vater, denn es ist Zeit für mich, nun zu wachsen, wie ich will und muß!« »Wohl so sollst du frei sein«, rief der Vater ihm zu, »aber gib acht auf deine Mütze und die seidenen Tauben, daß sie dir nicht zerrissen werden und zerrauft dein langes, gelbes Haar! Einmal, fürcht' ich, wirst du noch an einem Stabe gehen und ein Knabe wird dich führen! Nochmals beschwör ich dich, lebe, wovon ich lebe und was dir deine Mutter gibt! Trink Wasser, ehe du mit Raube Wein kaufst! Fülle dir den Schlund mit Brei, wie ihn deine Mutter kocht, eh' du ein gestohlenes Pferd um eine Gans gibst! Iß lieber Roggen mit Hafer in Ehren, als Fische in Unehren! Folgst du mir, so wirst du klug sein. Tust du's nicht, so fahr dahin!«

Da entgegnete der Sohn: »Wenn du Wasser trinkst, so will ich Wein trinken. Wenn du Brei issest, so will ich gesottene Hühner essen und weißes feines Brot. Das ist für mich, der Hafer für dich. Zu Rom kann man im Taufbuch lesen, jedes Kind gewinne früh eine Tugend von seinem Paten: mein Pate war ein edler Ritter, glückselig, daß ich von ihm so edel und hoffärtigen Sinnes geworden. Ja mein Mut ist unstät, meine Mütze, mein Haar, mein Kleid lassen mich nicht ruhen und jagen mich von hinnen. Sie sollen beim Tanze leuchten, nicht aber schmutzig werden hinter Egge und Pflug, daß ich mich schämen muß, reich' ich edlen Frauen die Hand zum Tanze!« »Ei willst du edel sein, so tue edel!« rief der Alte. »Lebe in Arbeit, so wird Arm und Reich, Wolf und Aar und alle Kreatur der Erde dein genießen! Von Bauernwerk schmücken sich die Frauen des Adels, Bauernwerk krönt die Könige!« Aber Helmbrecht antwortete ihm ungeduldig und verwies ihm mit wildem Hohne seine Predigt. Da erschrak der Vater und hub seine Hände gen Himmel: »Mir träumte ein Traum!« rief er aus, »deute mir ihn, wenn du doch so weise bist! Du hattest zwei brennende Lichter in den Händen, die leuchteten mit ihrem Scheine weit über das Land. Dann plötzlich sah ich wieder einen Mann dahinwandern, der war blind. Mit einem Fuße ging er auf der Erde, sein andres Knie aber lag auf einer Stelze und ein Armstummel ragte ihm aus dem Rock. Nun frage ich dich, wie deutest du das?« »Ei das deut' ich«, erwiderte lachend der Sohn, »daß ich Glück und Heil, Reichtum und aller Freuden Maß erwerben soll!« »So erkläre mir noch dies: mir träumte, du flogst hoch über einen Wald, aber die eine Schwinge hatten sie dir abgeschnitten. O weh deinen armen Füßen, deinen Händen und Augen! Denn all' dies war nichts vor dem Gesicht, das nun aus meinen Träumen tauchte: Du schwebtest hoch an einem Baume, es ging wohl anderthalb Klafter unter dir in die Tiefe bis ans Gras. Ob deinem Haupte aber zu beiden Seiten saß hier ein Rabe, dort eine Krähe auf dem Ast und strählten dir das Haar. Wüst stand es dir vom Kopfe: Rabe und Krähe hackten dir's aus. Wehe über den Traum, wehe über den Baum wehe, wehe über Kräh' und Rabe!« »Beim Namen Christi«, erwiderte Helmbrecht, »sollt' ich mich gar vor Euren blassen Träumen fürchten? Von meinem Sinne laß' ich nicht, und wär's mein Tod! Behüt' dich Gott, Vater, behüt' dich Gott, Mutter, Euren Kindern kann nichts als Heil widerfahren. Möge Gott über uns alle seine Hände halten!« Damit nahm er Abschied, wandte sein Roß und ritt schnell durch das Gatter.

Es brauchte wohl dreier Tage oder einer ganzen Woche, wollte man alles erzählen, was ihm auf seiner Fahrt durch die Länder widerfuhr. Eines Tages kam er auf eine Burg geritten, deren Herr ununterbrochen in Fehden verwickelt war, so daß er gerne Leute behielt, die frisch zu reiten und sich mit allerlei Feinden herumzuschlagen wagten. Dort stand der Jüngling ein und war bald der Rascheste von allen, wo es zu rauben galt; wenn die andern etwas liegen ließen, er stieß es sicher in seinen Sack. Rauh oder glatt, grade oder krumm, nichts war ihm zu gering zum Raube. Das Roß nahm er samt dem Rind, das Wams samt dem Schwert, den Mantel samt dem Rock, den Bock samt der Geis, das Schaf samt dem Widder, daß dem Beraubten auch nicht eines Löffels Wert in Händen blieb. Den Weibern zog er Pelz, Mantel, Rock und Hemd vom Leibe und schwoll von Tag zu Tage mehr vor Hoffart, da das beste Teil stets ihm zufiel, wo immer es einen Raubzug gab. So blies ihm das erste Jahr der Wind gar freundlich in die Segel und sein Schifflein schwamm munter den Strom hinab. Dann aber reizte es ihn, wieder einmal nach Hause zu kehren, um sich vor seinen Verwandten zu zeigen. So nahm er denn Abschied vom Herrn und seinen Gesellen, befahl sie Gottes Hut und begab sich auf deu Heimweg.

Als er in sein Heimatdorf einritt, ging man ihm nicht etwa entgegen, nein, man lief, drängte und überstürzte sich. Vater und Mutter sprangen, als ob ihnen ein Kalb verendete, und jeder wollte der erste sein, das Botenbrot zu verdienen. Magd und Knecht rief nicht etwa: »Gott grüß dich, Helmbrecht!«, sondern: »Ei, Herr Junker, seid uns gottwillkommen!« Seine Schwester lief ihm entgegen und preßte ihn in ihre Arme. Da er schnell weiterritt, zogen die Alten hinter dem Rosse drein und empfingen ihn erst an der Tür, als ob sie einen Fürsten begrüßten. Indessen war er immer stolz auf seinem Rosse gesessen. Der Menge dankte er in einer verderbten Sprache: »Gott schütze Euch, liebe Kindekens!«, der Schwester lateinisch: »*Gratia vester!*«, dem Vater auf romanisch: »*Deus sal!*«, der Mutter gar auf böhmisch: »*Dobra ytra!*« Darob sahen die beiden Alten verdutzt einander an: »Er kann unser Sohn nicht sein«, sagten sie, »eine gewaltige Ähnlichkeit verwirrt uns die Sinne.« »Er ist ein Böhme oder ein Wende«, meinte die Mutter. »Wenn es nicht ein Walache ist«, erwiderte der Vater. »Ei« mengte die Schwester sich ein, »als ich ihn umarmte, dankte er mir auf lateinisch!« und hielt ihn für einen Pfaffen. Aber der Freiknecht rief: »Uns hat er mit ›Liebe Kindekens!‹ begrüßt, ich will des Satans sein, wenn er nicht von Sachsen oder Brabant daher kommt!«

Da trat der Vater auf ihn zu und fragte ihn schlecht und recht: »Bist du's, mein Sohn Helmbrecht? Sprich ein Wort nach unserer und der Väter Sitte, daß ich's verstehen mag! Du sagst immer: *Deus sal!*, daß ich nicht weiß, was ich damit beginnen soll. Sprich ein deutsch Wörtlein, Helmbrecht, so will ich selbst dein Pferd abwischen, so wahr Gott dir helfe!« »Ei«, erwiderte er, »wat snakt je dor, Buer, und dies Schandwif dor? Mir sall, weet Gott, kein Buersmann min Pert und minen adligen Lif angripen!« Da erschrak der Wirt noch mehr und rief: »Bist du's, mein Sohn Helmbrecht, so will ich dir ein Huhn braten und eines sieden, das sei dir ohne Falsch gesagt. Bist du's aber nicht und seid Ihr ein Böhme oder Wende, dann zieht Eures Weges, Junker, und pocht bei Euresgleichen an! Für Euch ist weder Met noch Wein an meinem Tisch zu holen!«

Indessen aber war es spät geworden und der Ankömmling bedachte, daß kein Wirt in der Nähe sei, wo er nächtigen könnte. So entschloß er sich denn und sagte: »In Gottes Namen, ich will in Eurer Sprache mit Euch reden und Euch sagen, wer ich bin.« »Wer bist du?« fragte der Alte. »Der Euren Namen trägt.« – »So nennt mir den Namen!« – »Helmbrecht heiß' ich, Euer Sohn, und noch vor einem Jahre Euer Knecht!« – »Was, Ihr?« – »Ich bin es.« – »So sagt mir an: wie heißen meine vier Ochsen mit Namen?« – »Das sollt Ihr erfahren, denn ich pflegte sie einst und schwang meine Geißel über sie: Ur heißt der eine, dessen brauchte der wackerste Bauer sich nicht zu schämen; Räme der andre, kein bessrer wurde je gejocht; Erge der dritte, bin ich nicht klug, daß ich sie so fein zu nennen weiß? Sonne der vierte, aber nun auf das Tor vor mir!« Da rief der Vater: »Tür und Tor, nicht länger sollst du mehr warten. Bett und Schrein, alles steht offen für dich!«

Da wurde er denn gleich einem Fürsten bewirtet: das Pferd ward entschirrt, der Vater selbst trug ihm das hochgehäufte Futter hin. Die Mutter rief eilfertig ihrer Tochter zu: »Lauf, was du kannst, hol' und reiche Polster und weiche Kissen!« Die legten sie ihm unter den Arm an den warmen Ofen, daß er sanft schliefe, bis das Essen fertig würde. Als es dann so weit war, er sich ausgeschlafen und die Hände gewaschen hatte, wurde das Essen aufgetragen. Da gab es fein geschnittenes Kraut mit beiderlei Fleisch, fettem und magrem, fetten, mürben Käse, eine gemästete Gans, überm Feuer am Spieße gebraten und groß wie eine Trappe, ein gesottenes Huhn, ein gebratenes Huhn und noch vielerlei köstliche Speisen, wie nie eines Bauern Tisch sie gesehen. »Hätt' ich Wein«, sagte der Vater, »heut' müßt' er getrunken sein! Aber wir haben einen Quell im Hof, der hat nicht seinesgleichen im Land, es wäre denn der zu Laubenbach«. »Aber den bringt uns leider keiner her«, setzte er verlegen scherzend hinzu.

Als abgegessen war, konnte der Alte sich nicht enthalten und fragte eifrig, wie es denn bei Hofe zugehe? »Einst«, sagte er, »als dein Großvater selig, der Meier Helmbrecht, noch lebte, sandte er mich mehr als einmal zu Hofe, um Käse und Eier abzugeben, da sah ich mancherlei, wie es zu meiner Zeit dort herging. Die Ritter waren schön und fröhlich und kannten kein Arg. Da hatten sie zum Beispiel eine Sitte, durch die sie sich bei den Frauen beliebt machen wollten, das nannten sie Buhurdiren, wie mir Einer dort sagte, als ich den Namen davon wissen wollte. Das machten sie so, daß sie daherfuhren, als ob sie irrsinnig geworden wären, aber ich hörte stets nur, daß sie darum sehr gelobt wurden. Eine Schar fuhr her, die andre hin, einer kam daher und noch einer und wollten einen Dritten stoßen. Außerdem hatten sie auch einen Tanz, den schritten sie unter weithin schallendem Gesang. Dann kam ein Spielmann und hob die Geige. Da standen die Frauen auf, die gar lieblich anzusehen waren, gingen auf die Ritter zu und nahmen sie bei den Händen. Das muß ihnen gar wonnig gewesen sein! Denn die Ritter gefielen den Frauen und die Frauen den Rittern, und Junker und Mädchen tanzten fröhlich im Kreis. Wenn sie dessen dann überdrüssig waren, so kam einer und las ihnen die Mär vom Herzog Ernst, wie sie ihn nannten, und das machte allen ein großes Vergnügen. Der eine schoß mit dem Bogen nach der Scheibe, der andre ritt zu seiner Lust, ein Dritter wieder ging auf die Pürsch. Es war ein goldenes Leben bei Hofe zu jener Zeit.«

»Ei« erwiderte der Sohn, »heut' gilt es anders reden, will man recht in höfischen Dingen tun. Trink, heißt es nun, trinkst du dies, so trink ich das, so wird es uns wohl ergehen. Schaff Wein, Wirt, vom besten, das ist unsere Sorge bei Tag und Nacht. Süße Schenkin, schreiben wir unsern Liebesbrief, füll' uns die Kanne bis zum Rand! Ein Narr und Affe, der den Wein um Weiber gibt. Die so lebten, wie Ihr sagt, sind lang mit Schimpf und Schande in den Bann gejagt und nicht weniger verfehmt wie der Henker.« – »Aber haben sie ihren Kampfruf noch: »Heia, Ritter, seid doch fröhlich?« fragte der Alte.

»Ei, was nicht gar«, erwiderte der Sohn. »Heut heißt der Kampfruf: Jage, Ritter, jage, jag, stich, stich, schlag, schlag, stümmle den, hau den Fuß fort, schlag die Hand ab, henke diesen, fange jenen, denn er ist reich und hat wohl hundert Pfund bei sich.« »Aber nun will ich schlafen gehen«, setzte er hinzu, da das Gespräch ihn langweilte, »ich bin lang geritten und bedarf der Ruhe.« Sogleich taten sie, wie er geboten hatte, und Schwester Gotlinde breitete ihm, da sie Leilachen nicht kannten, ein frisch gewaschenes Hemde über das Bett, in dem er bis hoch in den Tag hinein schlief.

Es war nur billig, daß er am nächsten Morgen die Herrlichkeiten verteilte, die er für Vater, Mutter und Schwester von Hofe mitgebracht. Dem Vater machte er einen Wetzstein, eine Sense, ein Beil und eine Holzhacke zum Geschenk – hei, welche Kleinodien für einen Bauer! Die Mutter erhielt einen Fuchspelz, den er einem Pfaffen abgezogen, Gotlinde eine seidene Schärpe, die bei einem Krämer gestohlen war, der Knecht feine Riemenschuhe, die er nicht anzuziehen verstand, und die Magd ein Kopftuch und ein rotes Band, die sie beide just höchst nötig hatte. Als eine Woche verstrichen war, daß er bei dem Vater weilte, dünkte es ihn, als habe er schon ein ganzes Jahr ohne Rauben gelebt. Er wollte Abschied nehmen, aber der Vater hielt ihn zurück. »Bleib, lieber Sohn«, sagte er, »du brauchst nichts zu tun, als dir die Hände waschen, ich will dir alles geben, dessen du bedarfst. Ist dies nicht besser, als abends und morgens reiten müssen in Sorge und Furcht, daß nicht ein Feind dich fange, verstümmle oder henke?« »Ei, Vater«, entgegnete er, »schön' Dank für Trank und Speise! Aber seit ich keinen Wein getrunken habe, schnür' ich den Gürtel drei Löcher enger, da braucht's Rinder, Vater, eh' mir der Gürtel wieder steht wie zuvor. Ich weiß da irgendwo einen Richter, an dem hab' ich noch ein schweres Leid zu rächen, das er mir angetan. Ritt er mir da nicht eines Tags mitten in meines Paten Saatfeld hinein? Aber er soll mir's büßen, wenn ich ihm Rinder, Schafe und Schweine laufen mache. Dann ist da noch ein Zweiter, ein Reicher, den sah ich mit eigenen Augen Brot zu Krapfen essen. Hol' mich der Teufel, wenn er mir's nicht entgilt! Aber wenn ich selbst diese Beiden laufen ließe, da weiß ich mir einen Dritten, für den könnt' ein Bischof beten und es hülfe ihm nichts!« »Was hat er dir denn getan?« fragte der Vater. »Ei er ließ den Gürtel herab, als er bei Tische saß! Hat man dergleichen je gehört? Aber wenn ich ihm für diese Unbill nicht Pflug und Wagen ausspanne und mir ein hübsches Kleid darum zu Weihnachten kaufe, so nennt mich einen Feigling! Was meint er denn, wie man's treibt, er alter Gauch? Einer blies gar den Schaum vom Biere – soll ich mir das gefallen lassen? Bald sollst du von Helmbrecht Märe hören, daß weite Höfe leer geworden sind. Find' ich den Mann nicht, nun, so find' ich wenigstens seine Rinder!« Der Vater erschrak ob dieser Rede: »Um Gottes willen, Sohn«, rief er, »wer sind die bösen Gesellen, die dich lehrten, den Leuten ihre Habe wegnehmen, weil sie Brot zu den Krapfen essen? »Gute Lehrmeister, Vater«, erwiderte er. »Da sind zum Beispiel Lämmerschlind und Schlickenwidder, dann Höllensack und Rüttelschrein, Kühfraß und

Müschenkelch, alle sechs die trefflichsten Zuchtmeister von der Welt. Kennst du meinen Gesellen Wolfsgaum? Ich sage dir, dem sind seine Muhmen, Basen, Oheime und Vettern so lieb, er ließe ihnen nicht einen Faden am Leibe, und wär' es Hornungswetter! Und dann erst mein Gesell Wolfsdrüssel! Der braucht nur in die Nähe zu kommen, so springen Schlösser und Riegel von selber auf. Hundert Schlösser hab' ich selbst gezählt, die er so ohne Schlüssel aufschloß! Weißt du mir einen höfischeren Namen als Wolfsdarm? Der so heißt, hat ihn von der edlen Herzogin aller Diebe und Landstreicher Hilarie von Navarra persönlich bekommen. Hei, das ist mir noch ein lustiger Gesell! Der wird dir des Raubes nimmer voll, weiß Gott, den zieht's zum Bösen, wie die Krähe nach der Saat.« »Und wie nennen deine Freunde *dich*, wenn sie dich rufen wollen?« fragte der Vater. »Kennt Ihr mich nicht?« erwiderte Helmbrecht. »Schlinzgau bin ich, der Bauern Schreck. Ihre Kinder müssen von dem Wasser essen, das ich koche. Dem quetsch' ich das Auge aus, diesem zerschlag' ich den Rücken, den bind' ich in den Ameisenstock, jenem reiß' ich mit Zangen das Haar aus dem Bart, zieh' ihm die Kopfhaut ab, zermalm' ihm die Glieder, häng' ihn an den Flechsen auf den nächsten Baum! Wo unser zehne reiten, mögen zwanzig kommen! Unser ist alles, was dem Bauer gehört.«

»Die du da nennst,« sagte der Vater, »du kennst sie wohl besser als ich. Aber wie wild sie immer sein mögen, dies sage ich dir: Wenn Gott selbst es will, so kann ein einziger Scherge machen, daß sie ihm zu Willen gehen müssen, und wären es ihrer dreimal so viele!« – »Gut, so will ich, und bäten mich alle Könige darum, nicht länger tun, was ich bisher für dich getan habe«, rief der Sohn. »Gänse, Hühner, Rinder, Käse und Futter hab' ich dir bis heute gefriedet, aber das soll fürderhin anders sein. Wie, willst du frommen Knappen an ihre Ehre reden, die nie um eines Haares Breite von dem Weg gewichen, der ihnen recht und gut erschien? Denn Rauben heißt das Rechte und Stehlen das Gute. Wahrlich, hättet Ihr's nicht verschwatzt und uns nicht so heftig verunglimpft, ich hätte Eure Tochter Gotlinde meinem Gesellen Lämmerschlind zur Frau gegeben. Da würde sie, weiß Gott, das beste Leben gehabt haben, das je ein Weib an eines Mannes Seite gewann. Pelze, Mäntel und Leinen, die schönsten, die man im Reiche findet, hätt' er ihr die Fülle gegeben. Und hätte sie allwöchentlich ein springjunges Schlagrind zum

Essen haben wollen, er würde ihr's nicht geweigert haben. Als mich Lämmerschlind zuerst um dich bat, Schwesterlein Gotlinde, sagt' ich ihm sogleich: ›Keine Furcht, mit Euch zweien ist es so bestellt, daß keins von Euch es zu bereuen haben wird. Glaub', die läßt dich nicht lange baumeln, wenn sie dich henken: mit ihren eigenen Händen schneidet sie dich ab und schleift dich selbst bis dahin, wo dir das Grab am Kreuzweg gegraben ist, und streut dir Weihrauch und Myrrhen ein ganzes Jahr und ehrt dein Gebein, denn sie ist rein und gütig. Wenn dir Heil widerfährt und sie blenden dich, so nimmt sie dich an der Hand und führt dich Wege und Stege durch alles Land. Schlagen sie dir den Fuß ab, so bringt sie dir jeden Morgen die Stelzen ans Bett. Verlierst du die Hand, so schneidet sie dir das Fleisch und das Brot vor bis an dein Ende.‹ Da entgegnete Lämmerschlind: ›Wenn sie mich nimmt, so will ich ihr drei Säcke, bleischwer, zur Morgengabe geben: in dem einen liegt unverschnittenes Leinen, die Elle zu fünfzehn Heller, wenn's reicht, da soll sie mir die Hände überm Kopf zusammenschlagen. In dem andem gibt's Schleier, Röcklein und Hemden, die kann sie alle tragen wie eine Freifrau. Der dritte Sack ist auch nicht übel gestellt und über und drüber gestopft mit niederländischem Tuch, feinem Zeug, Bunt- und Edelpelzen, davon sind zwei mit Scharlach überzogen und einer von schwarzem Zobel. Das alles hab' ich in einer Bergschlucht versteckt, und es soll ihr gehören, an dem Tage, da sie mich nimmt.‹ Ach, Schwester, all die Schätze hat dir nun dein Vater mit seinem Geschwätze verscherzt! Wie schmerzt es mich, wenn ich denke, wie du nun als eines Bauern armseliges Weib nähen, dengeln, schwingen und Rüben graben wirst und widerwillig in gemeinem Bette bei ihm liegen. Verflucht sei dein Vater, daß er dir dies angetan hat! Wahrlich, der meine ist er nicht, denn als meine Mutter mich fünfzehn Wochen trug, kroch ein feiner Edelmann zu ihr ins Bett und gab mir, gleich meinem Paten, den hochmütigen Sinn zum Erbe mit.« »Wahr«, rief die Schwester, »glaube mir, auch ich bin nicht sein rechtes Kind! Ein hübscher Ritter lag bei meiner Mutter, zur Zeit, als sie mich auf dem Arme trug, der hatte sie gefangen, als sie einmal des Abends spät in den Wald ging, Kälber zu suchen. Denn auch mein Sinn ist hochgemut, viel lieber Bruder Schlinzgau, daß Gott dir Freude gebe.« Dann setzte sie heimlich hinzu: »Nun schaffe, daß Lämmerschlind mein Mann wird, dann brodelt mir die Pfanne, ist mein Wein gelesen, mein Bier gebraut, mein Korn gemahlen und der Schrein gefüllt. Hab' ich nur die drei Säcke, so bin ich für immer der Armut frei. Glaube mir, er soll alles an mir finden, was ein Mann von einem starken Weib begehrt. Da man meine Schwester in die Ehe gab, ging sie vielleicht an einem Stabe des Morgens darauf? Nun, ist *sie* nicht daran gestorben, so wird es ja wohl auch *mein* Tod nicht sein. Hör mich an, Bruder, mein lieber Gesell, doch schweige von allem, was ich dir sage: übern Berg führt ein schmaler Weg am Kiefernhang, dort folg ich dir und will Vater und Mutter entlaufen und bei ihm liegen jede Nacht.« Vater und Mutter hörten nichts von dieser Rede. Helmbrecht und Gotlinde aber kamen heimlich überein, wie sie es bewerkstelligen wollten. »Du sollst ihn haben«, sagte Helmbrecht, »und all seinen Reichtum dazu. Ich werde dir einen Boten senden, dem folge, wohin er dich weisen wird. Wir wollen eine glänzende Hochzeit richten, halte dich bereit! Und nun behüte dich Gott, denn ich will fort.«

Er rief der Mutter noch einen Abschiedsgruß zu, ohne des Vaters zu achten, und ritt dahin, woher er gekommen war. Angelangt, erzählte er sogleich Lämmerschlinden, daß Gotlinde gewillt sei, ihn zum Manne zu nehmen. Dafür küßte ihm dieser Hand und Kleid und schnob gegen den Wind, der von Gotlinden wehte.

Dann ging es an die Zurüstungen zur Hochzeit: manche Witwe und Waise wurde da ihrer Habe beraubt und blieb in Elend und Jammer, ehe Held Lämmerschlind und sein Gemahl Gotlinde auf dem Brautstuhl saßen. Das war ein weither gesammeltes Hochzeitsmahl, das sie verzehrten: Tag und Nacht waren die Kempen unterwegs und führten und trieben beladene Wagen und Rosse vor Lämmerschlinds Haus. Als dann alles gerüstet war, sandte Helmbrecht seinen Boten, der im sausenden Ritt Gotlinden zur Hochzeit brachte.

Als Lämmerschlind vernahm, daß sie angekommen war, ging er ihr wunderschnell entgegen und begrüßt sie: »Willkommen, Frau Gotlinde«, sagte er. »Gott lohn Euch, Herr Lämmerschlind«, entgegnete sie. Sie sah auf ihn, er sah auf sie, so begegneten sie sich mit den freundlichsten Blicken und ließen sie gar artig hin und widerspielen. Lämmerschlind schoß seinen Bolzen gegen Gotlinde, indem er die höflichsten Reden wider sie von Stapel ließ; Gotlinde vergalt es Herrn Lämmerschlind, indem sie auf jungfräuliche Weise ein gleiches tat. Da ertönte plötzlich eine Stimme: »Nun laßt uns zusammengeben: Herrn Lämmerschlind mit Gotlinden und Frau Gotlinde mit Lämmerschlinden«. Ein uralter Greis, der sich auf dergleichen Dinge verstand, erhob sich, hieß sie beide in einen Ring treten und sprach also zu Lämmerschlind: »Wollt Ihr Frau Gotlinden zur Ehefrau nehmen, so sprechet: Ja«. »Gerne«, sagte Lämmerschlind. Da fragte der Alte noch einmal. »Gerne«, sprach der Knappe wieder. »Nehmt Ihr sie gerne«, fragte der Alte zum drittenmal. »Bei meinem Leben, ich nehme sie gerne«, wiederholte Lämmerschlind. Da wandte er sich zu Gotlinden: »Wollt Ihr Lämmerschlind zum Ehemann nehmen?« »Ja, Herr, wenn es Gottes Wille ist«. »Nehmt Ihr ihn gern?« sagte er zum andernmal. »Gern, Herr, gebt ihn mir nur her!« Da fragte er zum Dritten: »Wollt Ihr ihn aber auch wirklich?«. »Wirklich, Herr, aber nun hätt' ich ihn schon gern«. Da gab er Gotlinden dem Lämmerschlind und den Lämmerschlind Gotlinden und trat ihr auf den Fuß. Da huben alle zu singen an.

Indessen war das Essen bereitet, bei dem es nicht ohne Amtleute für Braut und Bräutigam abging. Schlinzgau war Marschall und hatte den Rossen den Balg zu füllen. Schlickenwidder war Schenke, Truchseß Höllensack wies den Gästen die Plätze an, Rüttelschrein war Kämmerer, Kühfraß Küchenmeister und hatte die Kuchen, Gebratenes und Gesottenes zu verteilen, Müschenkelch reichte das Brot. Wolfsgaum, Wolfsdrüssel und Wolfsdarm leerten indessen zahllose Schüsseln und Becher, und die Speisen schwanden vor den Gästen, als hätte ein rascher Wind sie vom Tische geweht, daß kaum soviel an den Knochen blieb, als ein Hund davon abnagen möchte. Denn es ist ein weises Wort, daß der Mensch nie so sehr nach Speise giert, als da sein Tod ihm nahe ist.

»Weh mir, lieber Lämmerschlind«, sagte die Braut Gotlinde, »mich graust es in meiner Haut: es müssen fremde Leute nahe sein, die Böses wider uns wollen. Eia, Vater und Mutter, daß ich so ferne von Euch bin! Mir ist das Herz so schwer, denn die Leute sagen, wer zu viel will, dem wird zu wenig gegeben, und Begier stürzt bald in den höllischen Abgrund um ihrer Sünde willen. Wär' ich zu Haus, o wär' ich nie meinem Bruder gefolgt.« Braut und Bräutigam verteilten eben ihre Gaben an die Spielleute, da drang selbfünft der Scherge mit seinen Knechten herein. Das Mahl ward zerschmissen, das Fest zunichte gemacht. Sie retteten sich in den Ofen, unter die

Bänke und stießen einander im wüsten Gedränge. Wer den vier Knechten entrann, den schleifte der Scherge selbst am Haar hervor. Alle zehn wurden mit starken Stricken gebunden, auch Gotlinde verlor ihr Brautgewand: man fand sie später an einem Zaun zusammengebrochen liegen. Sie hielt ihre beiden Brüste mit den Händen bedeckt. Was weiter mit ihr geschah, ist nicht bekannt geworden.

So hatte Gott selbst die Rache in die Hand genommen, daß ihnen das Licht erlosch, die Röte vergilbte, und die sonst wohl allein ein Heer geschlagen haben würden, von einem einzigen lahmen Schergen hätten gefangen werden können. Als der Gerichtstag kam, da sie gehängt werden sollten, mußte jeder, seine Diebsbürde auf dem Rücken, die nach Recht dem Schergen zufiel, sich zu der Stätte schleppen. Lämmerschlinden hatten sie die beiden Rindshäute, um die Gotlinde nun betrogen war, an den Hals gebunden, doch hatte er leichter zu tragen als seine Gesellen, wahrscheinlich, weil man den Bräutigam in ihm ehren wollte. Am schwersten aber trug einer, den man mühsam unter der Last dreier Rohhäute vor dem Richter keuchen sah: das war der Schwäher, Herr Schlinzgrau Helmbrecht. Fürsprech ward ihnen keiner gegeben, neun von ihnen wurden gehenkt. Aber was geschehen soll, geschieht: der eine, der übrig blieb, war des Schergen rechtmäßiger Anteil an dem Fang und wurde ihm übergeben, daß er nach freiem Willen mit ihm verfahre. Dies aber war derselbe, Herr Schlinzgau Helmbrecht. Da stach ihm der Scherge die Augen aus. »Dies«, sprach er, »um deinen Vater.« Dann schlug er ihm eine Hand und einen Fuß ab. »Dies«, sagte er, »um deine Mutter.«

An einem Kreuzweg war's, da nahm der blinde Dieb Helmbrecht jammernd Abschied von seiner Schwester Gotlinde. Ein Stab und ein Knecht führten ihn heim in seines Vaters Haus. Aber der behielt ihn nicht und jagte ihn fort. »*Deus sal*, Herr Blinder«, rief er ihm zu, »meine Knechte sollen Euch mit Schlägen von hinnen treiben, wenn Ihr nicht selber geht.« »Kennt Ihr mich nicht, ich bin's, Euer Kind«, sagte in Jammer und Scham der Blinde. »Ei, was Ihr Eisen fräßt, wenn Ihr nun auf dem Hengste säßet«, erwiderte der Alte. »Ist Schlinzgau nun ein blinder Mann? Geht dahin und kehret nimmer vor meine Tür!« »Überwindet den Teufel in Euch um den Willen Gottes«, flehte der Arme, »und laßt mich Elenden hier unterkriechen. Die Bauern sind mir gram und jagen mich fort, so weiß ich Niemand, der sich meiner erbarmen möchte.« Aber der Wirt entgegnete, ob ihm das Herz auch brechen wollte, denn es war sein eigen Fleisch und Blut, was da verwüstet und blind vor seiner Türe stand: »Ich kann es nicht. Ihr wart *zu* grauenvoll. Nie ging Euer Pferd in sanftem Trab, Ihr ließt es nur sausen und stieben. Mann und Weib atmen befreit, nun Ihr so elend geworden. Lieber wollt' ich, den ich nie mit Augen sah, bis an seinen Tod im Hause pflegen, als Euch auch nur die Hälfte eines Brotes reichen. Drei meiner Träume sind an Euch erfüllt, weh, wenn auch der vierte Wahrheit würde.« »Führe ihn fort, Blindenknecht«, rief er dann dem Begleiter des Elenden zu und schlug ihn. »Ich will keinen Blinden schlagen, doch möcht' ich mich anders besinnen, wenn es noch lange währt.« Dann schob er den Riegel vor. Aber die Mutter steckte ihrem Kinde heimlich ein Brot zu und hieß ihn gehen. Gebückt schlich er sich weiter. Doch wo er draußen auf den Feldern erschien, schrien die Bauern ihm und dem Knechte zu: »Ha, ha, Dieb Helmbrecht, wärst du ein Bauer blieben wie ich, man führte dich nicht als einen Blinden durchs Land.«

So lebte er noch ein volles Jahr in bittrer Not, bis er durch Hängen den Tod erlitt. Als er nämlich eines Morgens durch einen tiefen Wald ging, um sich Nahrung zu suchen, bemerkte ihn ein Bauer, der mit einigen andern zum Holzkloben da draußen war, wie er blind seines Wegs daher kam. Sogleich fragte der Mann seine Gesellen, ob sie ihm gegen ihn helfen wollten? Denn Helmbrecht hatte ihm einst eine Kuh geraubt, da niemand als die Kinder sie hüteten. »Hol mich der Teufel, wenn ich ihn nicht zu Staub zermalme, feiner, als man ihn in der Sonne wirbeln sieht!« rief unverzüglich einer von den Angeredeten: »Mir und meinem Weib zog er einmal die Kleider vom Leibe, dafür nehm ich mir ihn als Pfand.« »Und wenn er drei statt einem wäre«, fiel ein zweiter ein, »die brächt' ich ganz allein um. Mir hat er die Hütte erbrochen und alles genommen und verschleppt, was darinnen war.« Ein dritter bebte wie Laub, als er seiner ansichtig wurde: »Ich drehe ihm den Hals ab wie einem Huhn«, rief er: »Bei dunkler Nacht stieß er mir mein schlafend Kind mit in seinen Sack, als er das Bettzeug rauben wollte, und schüttete es in den Schnee, der Hund, als es erwachte und schrie«. »Hei, daß ich ihn noch einmal mit Augen sehen darf, um nach Herzenslust mein

Spiel mit ihm zu haben!« sagte der vierte. »Mein Kind hat er genotzüchtigt, mich selbst der Kleider beraubt, so daß ich nackend blieb wie ein Besenstiel! Und wär er dreimal blind und groß wie ein Haus, ich hing ihn doch an dem ersten Aste, den ich finde!« »Hierher, hierher, näher, näher«, schrien sie alle auf einmal, gingen auf den Blinden los und schlugen ihn. »Nun hüte deine Mütze, Helmbrecht!« riefen sie dann und fuhren ihm mit wütenden Fäusten in sein goldenes Haar. Da ward alles zerrauft und zerstört, was der Scherge etwa noch übrig gelassen. In Fetzen, keinen Pfennig groß, zerfiel die kostbare Mütze und Sittiche und Lerchen, Sperber und Turteltauben bedeckten in Stücke gerissen den Weg. Locken seines Haars und Fähnlein zerschlissenes Zeuges flatterten durch die Luft, bis sein Kopf kahl, sein wildes gelbes Gelock auf dem Boden zerstreut, die Haube zu wehenden Fäden zernichtet war. Sie ließen ihn keine Beichte sprechen, einer kratzte einen Brosamen Erde auf und reichte ihm den als Zins für das höllische Feuer. Dann hängten sie ihn an einem Baume.

Die Wiener Meerfahrt

(Der Freudenleere)

In der guten Stadt Wien in Österreich trug sich einmal eine höchst seltsame Geschichte zu. Wer die Stadt kennt, weiß, daß sich's darin gut und in Freuden leben läßt, wenn man nur Golds und Silbers nicht spart. Zwar gibt es dort ein Bad, wo ein Mann, der da als Fremder hineingerät, gleich ums Geld samt den Kleidern geprellt wird, so daß er schier nackend und seiner Barschaft beraubt wieder herauskommt, sonst aber ist die Stadt jeden Lobes wert: erfüllt von Rossen und Wagen, lebt sie in allerlei Kurzweil, Singen, Sagen und Saitenspiel. Nichts Adliges oder Gemeines, das dort für Geld nicht zu kaufen wäre: Stöhre aus der Donau, süßer Wein aus Ungarn und manches lustige Fräulein lieblich und reich.

Eines Tages nun hatte sich eine Gesellschaft von reichen Bürgern, teils solche, die schon miteinander bekannt waren, teils fremde Zuzügler beim Weine zusammengefunden. Man wurde bald fröhlich, denn der Wein, den man dort schenkt, ist gut und stark und ein gewaltiger Sorgenbrecher. Speisen wurden da aufgetragen, daß die Tische sich bogen, wohl zubereitet mit Gewürzen und Safran, damit der Wein um so süßer munde, dazu gescherzt, gelacht und getrunken den ganzen langen Tag. Es war ein laubenartiger Söller, mit grünem Gras bestreut, wo das Gelage stattfand. Da wurden die Gläser selten leer, sie tranken, bis ihnen die Köpfe dampften. Aber auch dann kannten sie noch kein Erbarmen. Becher um Becher wurde bis zum Grund gekostet, daß am Ende einer den andern nicht mehr erkannte. Als der Abend gekommen und das Licht angezündet war, ging es erst recht an ein Zechen und Pokulieren, immer wieder schrien sie nach neuem Wein, dem Wirt nicht eben zu Leide, bis ihnen die Füße wie Kugeln rollten. Da wurde ein jeglicher von ihnen ein reicher Mann: der sich sonst kümmerlich von einer Morgensuppe ernährte, gelobte nun seinem Freunde feierlich, ihn mit Geld und Kleidern zu beschenken; der beklagte seine Sünden, jener berechnete seinen Stammbaum von Adams Rippe her, durch den er mit seinem Nachbar nicht weitläufiger verwandt sei, als Akers in Palästina von Prag entfernt liege. Darüber wurden beide ohnemaßen glücklich. Dieser erzählte vom Meer und der Pilgerfahrt zu St. Jakob von Kompostella, ein andrer wieder vom Heerzug wider die preußischen Heiden, ein dritter wurde so gelenk, daß er taumelnd von der Tafel auf die Bank hinuntersprang, um Zeit seines Lebens davon hinkend zu bleiben. Selbst die Stärksten fielen unter die Bänke, indes der Küfer ununterbrochen mit leeren und gefüllten Krügen hin- und wiederlief.

In dieser Weise ging es eine erkleckliche Zeit her, da sagte einer von den Bürgern: »Wenn Ihr mir folgen wolltet, so hätte ich einen Vorschlag zu machen, was nun am besten zu tun wäre.« »Laß Wein bringen!« schrien alle, »so wollen wir hören, was Wunderbares du uns zu sagen hast.« »Es ist an der Zeit«, sprach der Bürger, »daß wir unsern Sinn Gott zuwenden. Ich schlage vor, daß wir uns zusammentun und, wie wir hier sind, zu Gottes Ehre über Meer fahren«. »Wohl gesprochen, Nachbar!« rief Einer, der neben ihm saß, bald begannen auch drei und vier den Ablaß zu preisen, den man über Meer holt, schließlich schrie die ganze Kumpanei mit Tosen und Lärmen: »Auf! Laßt uns mit einer stattlichen Schar dahinfahren um Gottes Barmherzigkeit Willen!« Man beschloß, Akers in Palästina zum Ziel der heiligen Reise zu wählen, und begann sogleich mit den Zurüstungen. Alle rückten näher zusammen, der Wein stieß ihnen in's Hirn, sie malten sich aus, was Wunders sie alles mit sich führen wollten: Speisen die Menge wurden da ins Schiff geschafft, Fässer guten Getränks und ganze Berge von Gold und Silber. Der Küfer füllte die Krüge, auch der Wirt stieß noch bei Nacht zu den Pilgrimen und ließ am Ende eine große Menge Latwerge herbeiholen. Dieser gab Muskat, der Ingwer, jener Galpan, der eine Rosinen, der andre Näglein dazu. So tranken sie den Wein, heiß und kalt, daß die Alten jung und die Jungen alt davon wurden. Sie hatten es eilig mit der Fahrt, aber das Meer war immer noch weit. Da erhuben sie ein gewaltiges Singen, daß der Söller von dem Lärmen erzitterte, und neigten ihre Häupter, zum Danke, daß des süßen Weines Kraft sich so gewaltig an ihnen bewähre. Alle brannten vor Ungeduld nach dem Meer, tranken und fuhren immerzu, bis es ihnen schien, als ob sie nun den halben Weg gefahren wären. Da schrien sie, man möge nur um Gottes Willen das Schiff wohl bewahren, damit ihnen nicht am Ende das Wasser etwas antäte: so wurde das Segel aufgesetzt und der Anker gelichtet. Höher und höher schwoll die Flut des Weins: man redete, schwatzte, pries die heilige Fahrt, zechte, daß sich die Balken bogen, und hatte richtig bald das Gefühl, auf offenem Meere zu treiben. Da erhuben sie mit lauter Stimme ihren Pilgergesang: »In Gottes Namen fahren wir!«, daß es von dem Söller in die Nacht hinausschallte. Einer sagte: »Freund, dir übergebe ich Weib und Kind auf Seele und Leben, daß du sie mir wohl behütest, wie es einem Freunde geziemt«. Der eine kannte den andern nicht mehr, so fuhren sie gehobenen Mutes weiter, beteten um guten Wind, schrien oder flehten, der Küfer möge neuen Wein bringen, und ließen sich dessen süßen Duft unter die Nase schlagen. Dieser lag da und schlief, der rief und tobte, jener fiel stolpernd zu Boden. »Es ist das Schiff, was so schwankend geht«, sprach einer. »Ein Unwetter kommt über uns«, schrie der andre. Darob geriet ein dritter in Angst und begann, sich heftig vor dem Winde zu bekreuzen. »Ach«, rief ein vierter, »wie tut mir doch der Kopf so weh! Aber nun möge es gehen, wie Gott will. Soll ein Unwetter herankommen, ach, wir werden geringe Freude davon haben.« Da erhub sich ein gewaltiges Trauern und Wehklagen unter ihnen, der beklagte sein Leben, jener Kinder oder Weib, einer seine Seele, ein andrer Geld und Gut. Mit Händen und Füßen ging es an ein Schwören und Geloben, sie wollten Buße tun für alle ihre Sünden, so daß ein allgemeines Schreien, Tosen und Lärmen entstand. Der Morgen kam, und sie fuhren immer noch in Sorgen und waren, weiß Gott, noch nicht einmal halbwegs bis Brindisi. Und obwohl das Meer des Weins nun auf das höchste stieg, war dennoch weit und breit kein Land in Sicht, so daß sie zu Gott zu flehen begannen: »Hilf, Herr, hilf den armen Geschöpfen deiner Hände, gib Lehre und Rat, sonst müssen wir gänzlich verderben!« Da sah einer von ihnen einen reichen Bürger, der vom Tisch unter die Bank gefallen war, auf dem Boden liegen. »Gefährten!« rief er, »danket alle Gott, daß er uns geholfen hat! Denn nun soll Rats werden in dieser großen Wassernot! Hier liegt einer von uns Pilgern tot auf der Erde, der war Schuld daran, daß das Meer sich so heftig erboste! Nehmt diesen toten Mann, der uns nichts hilft, und werft ihn aus dem Schiffe ins Wasser, so wird es mit Toben aufhören.« »So walte unser der große Gott!« riefen alle auf einmal, »er ist sicherlich ein Verdammter gewesen, daß ihn das Meer so schlecht leiden mochte.« Froh des Rates, standen diejenigen, die noch einigermaßen zu gehen vermochten, auf, drangen gemeinsam herzu und hoben den Liegenden unter zornigem Geschrei an das hochgelegene Fenster. Der Mann begann zu rufen: »Laßt mich. Ihr seht doch, daß ich nicht tot und so gesund wie Euer einer bin«. Aber sie schrien einer wie der andre: »Ihr seid ein Verdammter, Euer Leben ist ohnehin verwirkt!« und warfen ihn, was er auch rief und bat, zum Fenster hinaus vor die Tür, mitten auf die Straße. Das ging kräftig über Stock und Stein, daß ihm Arm und Bein davon zerbrach. Dann setzten sie sich fröhlich wieder hin und tranken weiter. Der Söller schwamm von Wein, sie aber waren allen Streits und Kummers ledig und sprachen untereinander: »Uns ist großes Heil widerfahren, daß wir den Verdammten noch rechtzeitig hier liegen gesehen haben. Aber Gott selber hat ihn vertrieben und aus dem Schiffe geworfen mit seiner göttlichen Hand, als das Wasser schon über den Bord schlug. Heil uns, daß er unsere Gebete erhört hat.« Und laut begannen sie, Gott Lob und Preis zu singen. Der Bürger, der unten lag, schrie zwar mit durchdringender Stimme Zetermordio, sie aber hörten es nicht, denn sie sangen und freuten sich unbändig, daß sie die Fahrt gen Akers unternommen hatten.

Inzwischen war es Tag geworden, da lagen sie überall wie die gemähten Garben umher, auch der Wirt lag bei seinen Gästen mitsamt dem Küfer, der statt der Rechnung den Wein im Kopfe hatte. Einige Nachbarn, die von dem Gelage gehört hatten, kamen nun herbei und riefen die Sinnlosen an: »Heda, Ihr, habt Ihr nun nicht lange genug gewacht und mit wüstem Lärm die Nacht verzecht? Die Sonne steht wohl schon baumhoch!« »Das mögt Ihr uns nicht mißgönnen«, entgegneten die Trunkenbolde, »wir sind die Nacht mit großen Freuden über Meer gefahren, gewaltig und ganz ohne Waffen. Gott hat uns geholfen und guten Wind gegeben, später aber erhob sich ein großes Unwetter, daß uns das wilde Wasser gewaltig in das Schiff rann. Wir wären rein ertrunken, hätte nicht einer der Pilger einen Mann entdeckt, der tot im Schiffe lag. Den warfen wir nach Gottes und des Schiffsherrn Gebot ins Meer, so wurde zum Glücke der Sturm und der Donner besänftigt.«

Unterdessen hatte der Bürger, der aus dem Fenster geflogen war, immerzu laut geschrieen und Klage erhoben. Von allen Seiten strömten die Leute zusammen und drängten sich um ihn. Als seine Freunde sahen, welcher Schaden ihrem Verwandten geschehen war, liefen sie zornig hinauf, um die zu erschlagen, die das getan hatten. Aber die Trunkenen erwiderten: »Was wollt Ihr von uns? Haben wir darum Gott gedient und auf dem heiligen Pilgerwege alles verzehrt, was wir besaßen, damir Ihr uns nun feind sein sollt? Hätte der Mann uns nicht gerettet, wir wären allsamt verloren gewesen. Auch taten wir nichts, als was der Schiffsherr uns hieß – halleluja!« Aber die Freunde waren damit nicht zufrieden, drängten mit klingenden Schwertern herzu und forderten Rechenschaft. Das wäre ein böser Sturmwind geworden, hätten sich nicht einige von den Nachbarn ins Mittel gelegt und zum Frieden geraten, da alles nur von der großen Trunkenheit gekommen sei. Damit nahm jeder seinen Freund unter den Arm und führte ihn zu Bette, wobei es wohl wunderlich genug hergegangen sein mag. Volle drei Tage schliefen die Trunkenen. Als sie am Morgen des vierten erwachten, standen sie, nichts Gutes ahnend, auf und wurden rot vor Scham, als sie des Schadens inne wurden, den sie angerichtet hatten. Der Bürger, der reichlich Zeit brauchte, seine zerbrochenen Glieder wieder zu heilen, verklagte sie, und sie mußten froh sein, als zweihundert Pfund Silbers als Sühne genügend erachtet wurden. Mit so viel Geld freilich ist es nicht schwer, bis nach Akers in Palästina zu kommen.

Der Richter und der Teufel

(Der Stricker)

In einer Stadt lebte einmal ein Richter, der war so reich an Sünden, daß kein Mensch sie jemals alle aufzuzählen vermöchte. Ja, seiner Sünden Zahl war so groß, daß es ein rechtes Wunder schien, wenn ihn die Erde nicht verschlang. Dabei war er steinreich, daß er weit und breit seinesgleichen nicht hatte, und für sein Geld ebenso im Lande bekannt als wegen seiner Niedertracht. Da sagte er einmal, als es gerade Markttag war, er wolle reiten und seinen liebsten Weingarten besehen. Das hörte der Teufel und stellte sich des Morgens, als der Richter just schön gelind aus seinem Weingarten zurückgeritten kam, an dem Wege auf. Der Richter hielt ihn für einen Menschen (denn der Teufel trug reiche Kleider vom schönsten Schnitt), grüßte ihn und sprach: »Wer und von wannen seid Ihr, Mann? Das möchte ich wahrlich gerne wissen.« »Das werdet Ihr aber nicht erfahren«, entgegnete der Teufel ohne Zögern. »Wie?« rief der Richter zornig, »verfahrt Ihr so mit mir? Ich habe hier so viel Gewalt, wenn es mir gefällt, Euch ein Leides zu tun, so seid Ihr verloren«, und schwur hundert heilige Eide, er werde ihm unbarmherzig Leben und Gut nehmen, wenn er ihm nicht die Wahrheit sage. »Ehe Ihr mir so großen Schaden tut«, erwiderte der Teufel, »so will ich Euch denn meinen Namen und Geschlecht ansagen. Ich bin der Teufel genannt.«

Da fragte ihn der Richter, was für ein Gewerbe er denn habe. »Du sollst es wissen«, sagte der Teufel. »Ich muß nämlich in die Stadt dort hinein, denn es ist heute der Tag, an dem ich alles holen darf, was man mir im Ernste gibt.« »Ei«, rief der Richter, »das muß ich sehen! Vergönne mir, zuzuschauen, wenn es etwas für dich zu holen gibt, so lange wir Markt in der Stadt haben.« »Das tu ich nicht«, sagte der Teufel. »So gebiete ich dir bei dem Namen Gottes, mich alles, was du hier treibst, sehen zu lassen! Bei jenem Geheiß, durch das Ihr alle gestürzt worden, bei Gottes Gewalt und Zorn und bei allen Geboten, die ewig ergehen müssen, bei Gottes Gericht, dem Ihr nicht widerstreben werdet, weder du noch deine Genossen: Du mußt mich dabei sein lassen, wenn du holst, was man dir gibt.« »O weh, daß ich lebe!« rief der Teufel und krümmte sich. »Du hast mich so gefangen und gebunden, daß ich nimmer davon los kann. O weh, oh weh, so große Not gewann ich nie! Und wenn ich dich dabei sein ließe, was hast du für Nutzen davon? Gar keinen, o weh, drum laß mich lieber wieder frei!«

Aber der Richter bestand auf seinem Willen. »Nein«, sagte er, »was mir auch darum geschieht, ich muß dich holen sehen!« »Es sei«, sprach der Böse. »Aber du weißt, daß meinesgleichen einen argen Haß wider die Menschen trägt. Es könnte dir leicht etwas Schlimmes dabei widerfahren.« »Sprich mir nichts dawider«, entgegnete jener, »und tu, was ich dir sage.« »Brauchst nicht zornig sein, wirst ja selber sehen«, endete der Teufel die Rede und machte sich mit ihm auf, in die Stadt.

Da herrschte überall großer Markttrubel und die Leute drängten sich auf dem Platze. Als man den Richter daherkommen sah, trat mancher heran und reichte ihm einen Becher, mitzutrinken. Niemand aber wußte, wer der Geselle war, der mit ihm ging. Der Richter bot auch ihm ein Gläschen an, aber jener tat es nicht an den Mund: denn der Teufel wollte es eben nicht.

Da entstand plötzlich irgendwo ein gewaltiger Lärm: eine Frau ärgerte sich über ihr Schwein und trieb es schimpfend vor die Tür. »Geh' doch zum Teufel, daß er dich noch heute hole!« schrie das zornige Weib. »Nun, Geselle«, sagte der Richter, »so nimm doch das Schwein! Du hörst ja, daß man es dir zuspricht.« »Leider ist es nicht ihr Ernst«, entgegnete der Teufel, »ich nähm' es schon gern, wenn sie mir's nicht nur im Spotte gäbe. So aber darf ich es nicht.«

Sie schritten auf dem Markte fürbaß, da war wiederum einem Weibe, Gott weiß, was, von einem Rinde geschehen und sie schickte es keifend zum Teufel. Aber dieser weigerte sich abermals, das Rind zu holen und ließ sich nicht bestechen, so sehr der Richter ihn auch reizte. »Sie hätte ein Jahr lang keine Freude mehr«, sagte er, »wenn ich's nun wirklich holte, denn sie sagt nur so, da hab' ich armer Teufel kein Recht daran.« Als sie weitergingen, schrie eine Frau ihr Kind an: »Unfolgsamer Balg, daß der Teufel dich hole!« »Nimm doch das Kind!« sagte der Richter. »Sie gäbe ja lieber zweitausend Pfund als ihr Kind her«, sprach der Teufel. »Ich nähm' es schon, wenn ich nur dürfte!«

So gingen sie immer weiter und weiter, bis sie endlich in das größte Marktgedränge hineingerieten, wo schier alles versammelt war, was sich an diesem Tage in der Stadt zusammengefunden hatte. Sie konnten nicht hindurch und mußten stehen bleiben. Da sahen sie, wie eine Witwe, alt und siech und arm an allem, sich mühsam durch das Gewühle schleppte. Als sie den Richter erblickte, brach sie in Weinen aus und sprach: »O weh dir, Richter, daß du so reich bist und ich war so arm, und hast mir doch mein einziges Kühlein genommen, von dem allein ich mein Leben fristen sollte! Ich bin zu krank und schwach, als daß ich hingehen könnte und betteln, daß man mir um Gottes willen gebe, was ich brauche, den Hunger zu stillen. Beim grimmigen Leiden und dem Sterben Christi, nähme dich doch der Teufel und führte dich dahin!« »Der ist es wahrlich ernst«, rief da der Böse, »nun sieh, wie dir geschieht!« Damit ergriff er den Richter mächtig am Haar und erhub sich mit ihm zu Berge, wie ein Adler, der ein Huhn raubt, daß alle Leute, die auf dem Markte waren, es sahen. So flogen die beiden immer höher und höher, und tausend Augen blickten ihnen nach, bis sie irgendwo in der Ferne verschwanden.

Die drei Wünsche

Ein Mann sprach einmal zu seinem Weibe: »Gott tut großes Unrecht an uns, daß er uns so elend in Armut leben läßt. Soll es bis zu meinem Tode nicht anders werden, eher möchte ich mich selber töten. Mich grämt unsere Armut so sehr, daß ich nicht weiß, was beginnen, und ich bin Leides und Zornes übervoll. Ich wüßte nicht, daß ich mich je wider Gott oder dich vergangen hätte. Oder hast vielleicht du etwas wider Gottes Gebot getan, dann sag' es mir, daß ich dir büßen helfe!« Aber die Frau erwiderte, sie habe nie etwas begangen, daß nicht auch er daran beteiligt gewesen wäre. »Dann«, rief er, »ist mir wahrlich unbekannt, weshalb Gott uns so sehr aller Ehren und Güter beraubt, aber glaube mir, wenn wir nur recht wollten, er gewährte uns sicherlich, was wir begehren. Darum laß uns wachen und inbrünstig bitten Tag und Nacht, daß er uns groß Gut verleihe, so wird er uns willfahren.« Damit war die Frau gerne einverstanden, denn auch ihr schien ein schneller Tod dem langen Leiden vorzuziehen. So säumten sie denn nicht länger, beteten, wachten und fasteten mit Anstrengung und kannten keine Ermüdung, bis Gott ihnen endlich einen Engel sandte, der dem Manne erschien und also zu ihm sprach: »Was bittest du um Reichtum? Solltest du reich sein, Gott hätte dir längst dein Recht getan und Güter gegeben, wie er jenen ihr Recht tut, die zu hohem Reichtum geschaffen sind. Ich bin der Engel, der dich zu schützen hat, aber deine Torheit macht meine Arbeit zuschanden und bringt mir nichts als Leid.« Da erwiderte der Mann: »Daß ich so arm bin, darin hat Gott mir Gewalt angetan und ich werde so lange darum bitten, bis er mir meinen Willen tut.« »Wohl«, sprach da der Himmelsbote, »da du nicht Gott, noch mir Glauben schenken willst, so sollen dir alle Güter der Erde zuteil werden, damit du dein Heil mit ihnen versuchest. Wirst du dann doch ein armer Mann, so ist die Schuld an keinem andern denn an dir. Dreier Wünsche Gewalt soll dein sein: was deine drei ersten Wünsche sind, das wird wahr. Und lebtest du tausend Jahre, du hättest genug und übergenug, nun sieh zu, ob der Reichtum Lust hat, bei dir zu Hausen.« »Hei, so bin ich reich«, erwiderte der Mann und eilte schnell zu seinem Weibe hinein. »Weib«, sprach er, »unsere Not ist geendet, mehr, als wir selbst erbeten haben. Drei Wünsche sind uns gegeben, die werden alle wahr. Nun rate, was da am besten zu wünschen wäre? Wie wär's mit einem großen Berg voll Gold und einer festen und hohen Mauer darum, damit uns das Vieh nicht dran kann? Oder mit einem Schrein voll guter Pfennige, die sich nie vermindern, wieviel ich auch davon wegnehme oder andern zu nehmen erlaube?« Da entgegnete das Weib: »Ich höre, daß wir wahrlich Überfluß haben und nicht zu sparen brauchen. Darum tu, worum ich dich bitte, und überlaß einen von den Wünschen mir, mit den zweien, die übrig bleiben, hast du, denk' ich, mehr als genug. Ich habe, weiß Gott, auch meine Knie gebogen, und wenn Gott uns so wohl getan hat, so ist es nicht minder durch mein Gebet als durch das deine geschehen. Deshalb sträube dich nicht länger und gib mir den Wunsch, der mir gebührt!« »Du sollst ihn haben«, antwortete er, »aber paß' mir auf, daß du was Rechtes dabei wünschest!« »So wolle Gott«, sprach sie sogleich, »ich hätte jetzt das schönste Kleid auf dem Leibe, daß je ein Weib in dieser Welt getragen.« Kaum war der Wunsch geschehen, so hatte sie es auch schon an. »Unseliges Weib«, rief da der Mann, »hättest du nicht gleich alle Weiber so schön kleiden können? Aber du bist nie jemandes Freund gewesen und hast eine geizige Seele. Daß dir doch das Kleid in den Bauch führe, wenn du so gefühllos bist, daß du einmal satt daran würdest!« Sogleich wurde das Wort wahr: das Kleid fuhr in das Weib und saß ihr im Bauche. Da begann sie fürchterlich zu schreien, denn ihr war mehr als übel, und schrie und schrie immer lauter. Als man den Lärm vernahm, kamen die Nachbarn von allen Seiten zusammengelaufen und fragten, was es da gäbe? Da sagte sie ihnen, was geschehen war und daß ihr Mann sie in diesen Zustand gebracht. Das erfüllte ihre Freunde mit Zorn, lärmend und drohend drangen sie auf ihn ein und riefen: »Erlöst das Weib, sonst soll es Euch übel ergehen!«, zückten ihre Messer und wollten ihm an's Leben. Als er sah, wie die Frau litt und zudem seine Feinde ihn bedrohten, blieb ihm keine Wahl: »So möge denn Gott sie sanft erlösen«, rief er, »daß sie gesund sei wie vordem.« Da hörten die Schmerzen auf und alles stand, wie es ehdem gestanden. So hatten die drei Wünsche ein schmähliches Ende genommen und die Beiden waren arm, wie sie es immer gewesen. Der Mann aber, dem man Schuld daran gab, ward eine Schande und ein Spott für alle Welt und wurde von den Leuten so grimmig verhöhnt, daß er am Ende vor bitterm Leide starb und verdarb.

Die Beichte

Ein Mann wohnte nahe bei dem Walde, er meinte, nirgends ließe es sich besser hausen, nur daß leider die Kirche zu fern davon war. Da fügte es sich an einem Palmsonntage, wenn die Leute zur Beichte gehen und alles in der Kirche ist, daß draußen der Schnee ungewöhnlich hoch lag. Der Mann hatte viele kleine Kinder und so verdroß es ihn, bei solchem Wetter auszugehen. Da rief er seine Frau und sprach: »Zur Kirche sind heute alle Wege verschneit. Frau, so laß uns eins vor dem andern beichten: du mir und ich dir. Ich meine, so wird zwischen uns nur desto besserer Friede sein.« Die Frau erklärte sich gerne damit einverstanden. Sie kniete sich vor ihrem Manne hin, hub an zu beichten und sprach: »Früher hat unser junger Herr uns nicht leiden mögen und es erging uns gar schlimm von ihm. Da hab' ich ihn eine Nacht zu mir gelassen, seither ist er dir gnädig geworden. Auch Heinrich, der Amman, hat dir viel Leids zugefügt, der versuchte eines Tages, als man das Korn schnitt, schlau wie er ist, ob ich ihn nicht in die Stube lassen würde, da hab' ich ihm denn seinen Willen getan. Und Kunz, unser Nachbar, erdachte sich eine List, wie er mich fangen könnte: einmal, als ich vom Brunnen kam, faßte er mich bei den Händen und sprach mir so lange die schönsten Dinge in die Ohren, bis er seinen Willen weghatte. Als ich zur Mühle gehen sollte, sah ich am Steig einen hübschen Pfaffen stehen, der wollte mir's auch nicht erlassen: er vertrat mir den Weg und bat mich so herzlich, ihn zu nehmen, daß ich ihm's nicht verweigern konnte.«

Da sprach der Mann: »Sag an auf Ehre und Leben, sind es nicht ihrer mehr gewesen?« Da erwiderte sie: »Ich habe dir alles gesagt, und es soll nie wieder geschehen.« Da beugte er sie in seinen Schoß, gab ihr drei Stößlein und sprach: »Vergeben sei dir deine Schuld, vor Gott und vor mir!« Nun aber wollte auch sie seine Beichte hören und sagte: »Nun bekenne, du sündiger Mann, was hast du wider Gott getan?« »Bei meinem Leben«, erwiderte er, »ich habe dich nie hintergangen! Nur unsre Dirne Adelheid, die lag eines Tages am Feuer und hatte nur ein kurzes Hemdlein an. Ich sah ihren weißen Leib hindurchscheinen, da schien sie mir so lieblich, daß ich mich nicht enthalten konnte.«

»Was, du Schuft, das hast du mir angetan?« schrie da das Weib, ergriff ihn bei den Haaren und raufte ihn grimmig hin und her. Dann zog sie ihn bis vor die Tür, kehrte das Hinterteil des Besens nach vorne und schlug ihn damit, bis er davonlief.

Der begrabene Block

Es war einmal ein Bauer, dem war sein eigenes Weib so sehr verhaßt, daß er glaubte, er müsse vergehen, wenn er sie nur ansah: was immer sie tat oder sprach, alles schien ihm widerwärtig und ganz unleidlich an ihr, und wenn er sie nicht totschlug, geschah es wahrlich mehr um der Leute willen, als wegen des heiligen Ehestandes. »Daß Gott mich von dir erlöse!« rief er immer wieder, »wie soll ich's nur überstehen, zu warten, bis der Tod zwischen uns ein Ende macht? Der Donner erschlage uns beide, dich wie mich! Mich hat der Teufel zu dir gebracht und dich des Teufels Großmutter zu mir!« Dann raufte und schlug er sie und konnte sich dessen nicht ersättigen, bis er sie wie tot liegen ließ. »Und schlügen alle Menschen, die auf der Erde sind, Männer, Weiber und Kinder auf einmal auf dich los, sie vermöchten dich doch nicht zu Tode zu schlagen«, schrie er außer sich. Und dennoch hätte er nicht zu sagen gewußt, was an ihr ihn in solch sinnlosen Zorn versetze: denn schon ihre Gegenwart genügte, um ihn gänzlich von Sinnen zu bringen. Das Weib weinte viel, mehr noch wegen seines unbegreiflichen Hasses, als weil er sie schlug. Kaum daß sie genesen war, begann aber auch der Tanz schon wieder von neuem, dergestalt, daß ihr am Ende der Tod lieber und auch besser gewesen wäre als solch ein jämmerliches Leben.

Da kam eines Tages eine Gevatterin zu ihr, die sah wohl, wie sie litt, und wollte ihr helfen. »Warum trauert Ihr, Gevatterin?« fragte sie, »ist Euer Mann Euch gram? Nun, den will ich Euch schon gehorsam machen, daß er sein Lebtag nichts wieder tuen soll, als was Euch gefällt!« »Ja, er haßt mich, er weiß selbst nicht, um was«, erwiderte die Frau weinend: »Ich habe ihn immer in Ehren gehalten und seinem Willen stets gehorcht. Ach, ich kann Euch gar nicht sagen, was er mich geschlagen und gerauft, getreten und gestoßen hat! Und wäre doch der beste Mann, wenn er von seinem Zorn ließe!« Da entgegnete die Gevatterin: »Meine Treue zum Pfand, tut, was ich Euch rate, und er wird nicht nur ein für allemale ablassen, Euch zu mißhandeln, sondern Euch überdies auch noch so hold werden, daß er des Kaisers Schätze um Euch geben würde!« »Das begehre ich gar nicht«, sagte die Frau: »Ich will zufrieden sein, wenn er mich nur nicht schlägt. Könnt Ihr das bewirken, so verlangt zum Lohne, was Ihr wollt; wenn ich es habe, soll es Euer sein.« »Ich will Euer Gut nicht, denn ich habe Euch lieb und will Euch um Eurer selbst willen helfen«, antwortete jene. »Hört an, was ich Euch sage: Wenn Ihr seht, daß Euer Mann vom Ackern kommt, legt Euch nieder und klagt. Euch tue das Herz so weh. Ich will schon vorher mit ihm sprechen und ihn ernstlich glauben machen, daß Ihr sicherlich in den nächsten zwei Tagen sterbt, ohne erst lange zu kränkeln. Ihr werdet sehen, was darauf folgt, und mein Kommen noch loben und preisen!«

Damit lief sie fort, begab sich auf den Acker, wo der Bauer eben mit seinen Ochsen fuhr, grüßte ihn und sprach unter Tränen: »O weh, lieber Herr Gevatter, laßt Eure Ackern sein! Meine Gevatterin, Euer Weib, liegt im Sterben, der Tod hat sie angefallen!« »Das ist wohl so Euer Scherz und Spott«, meinte der Bauer. »Gott helfe mir, wenn Ihr nicht sehr eilt, findet Ihr sie gar nicht mehr am Leben«, rief das listige Weib. »Hätt' ich zehn Pfund, die sollten Euch gehören«, sagte der Bauer: »Und dauerte es noch sieben Tage, ein Botenbrot habt Ihr verdient, wenn sie nur nachher aus der Welt ist! Aber ich will lieber hier draußen fasten, als nach Hause gehen, denn es gelüstet mich gar nicht, sie zu sehen. Wenn mir das Heil wirklich widerfährt und sie stirbt, so setze ich hier ein Pfand für den Pfaffen, daß er sie mir sogleich zu Grabe bringe. Ist sie einmal drunten, so will ich froh nach Hause fahren, aber so lange sie unbegraben ist, schwitz' ich nur blutigen Schweiß! Sorgt bloß, daß man sie unverzüglich unter die Erde schaffe, sobald die Seele ausgefahren ist! Begrabt sie lieber noch ein wenig früher, sie wird schon sterbe»:, wenn sie unten liegt! Ich will alles bezahlen.«

Da eilte die Frau von bannen, aufgeregt, wie sie ihre Gevattern von dem schweren Kummer erlöse, denn sie taten ihr beide leid. Nach Hause gekommen, brachte sie dem Weibe Nachricht und sprach: »Euer Mann ist Euch wirklich sehr gram, nun aber seid mir ein herzhaft Weib, packt Eure beste Wäsche zusammen, dazu das Gut, von dem der Wirt nichts weiß, Tücher, Kleider und Erspartes, und kommt mit mir!«

Als alles zur Stelle geschafft war, beeilte sich die Meisterin, es in Säcke zu stopfen, und nahm das Weib samt allen ihren Siebensachen heimlich mit sich in ihr Haus, so daß niemand es sehen konnte. Dort lebte die Frau nun schon seit langem ohne Mann und war eine wackere und ehrliche Person, der ihre Gevattern darob um so lieber vertrauten. In ihrem Hause hatte sie ein Schlafzimmer, schön geräumig und mit guten Fensterläden versehen, dort brachte sie die Gevatterin und ihr Mitgebrachtes unter und machte sich dann eilends wieder davon. Rasch ging sie in des Bauern Hof, wo sie wußte, daß ein gewaltiger Block da zu liegen pflege, schwer, als ob es ein Mensch gewesen wäre, und auch in seiner Größe einem Menschen ähnlich, schloß das Hoftor ab, damit niemand ihr Vorhaben bemerken könne, trug so den Block verstohlen ins Haus und kleidete und veränderte ihn dergestalt, daß ihn jedermann für einen Toten gehalten haben würde. Dann ging sie zu dem Pfaffen und erzählte ihm, ihre Gevatterin sei gestorben, die Nacht vor der Hahnenkrat, der Wirt aber wolle in seinem Zorne, sie solle noch denselbigen Tag begraben werden, und nicht einmal zum Begräbnis kommen. Dagegen habe er ein Pfand für alle Kosten ausgesetzt, die ihm aus der Bestattung entstünden. Der Pfaffe wunderte sich, daß sie so ohne Beichte verschieden sei, und fand es unangemessen, daß ihr nicht wenigstens ein schönes Totengeläut geläutet worden. Die Frau aber schob alles auf den Haß des Mannes, der sie selbst im Tode nicht behütet und nichts zu ihrer Seele Heil getan habe. »Die Arme«, sagte sie, »ist aber oft zu Euch zur Beichte gekommen und hat redlich bekannt. So wird sich Gott ihrer Seele erbarmen. Ihr habt statt dessen das Gut, das der Mann zum Pfande setzt.« Da erklärte der Pfaffe sich bereit, sie zu begraben, wenn ihm ein Pfand von zwei Pfund Wert übergeben werde. Seine Knechte standen dabei, die wurden sogleich nach der Toten gesandt: so ward denn dem Block ein Grab gegraben, das Stück Holz hineingehoben und zur ewigen Ruhe bestattet.

Kaum war dies geschehen, so lief die Gevatterin wieder zu dem Bauer auf den Acker hinaus und sagte ihm die Märe an. »Nehmt da den Ochsen samt dem Pflug!« rief er, »und wenn's Euch nicht genug ist, sagt's offen, ich gebe Euch die Hälfte von allem, was ich habe. Endlich bin ich doch noch zu Glück gekommen, o über mich seligen Mann!« »Behaltet Euer Gut«, sagte das Weib, »wenn Ihr wirklich so glücklich seid, dankt Gott und laßt mich aus dem Spiele! Aber einen Botenlohn will ich freilich von Euch haben: Versprecht mir, wenn Ihr wieder Lust zum Heiraten habt, nichts ohne meinen

Rat zu tun. Ich will des Teufels sein, wenn ich Euch nicht zu der Besten rate, die es hierzulande gibt!« »Daß mich die Wölfe fressen, wenn ich's nicht von Herzen tue«, erwiderte er. »Wo fand' ich noch eine, die wie Ihr redlich und klug ist und mir so Gutes will? Topp, es sei!«

Nun lebte der Bauer in Freuden früh und spät und vergaß alles, was er je an Leid erfahren hatte, bis fünf Wochen lustig vertrieben waren. Da sprach er: »Traute Gevatterin, nun zeigt, was Ihr könnt, und schafft mir ein Weib, denn ich will keinen Tag länger ohne Frau sein.« »Gevatter«, antwortete sie, »nun seid nur froh, ich will es schon so fügen, daß Ihr ein Weib zu sehen bekommt, der Gott alles geschenkt hat, was man an Frauen gerne sehen mag, Tugend, schönen Leib und liebliches Gesicht. Wenn Ihr sie wirklich kriegtet, kein Mann auf der Welt dürfte glücklicher sein als Ihr. Zudem ist sie so fest in ihrer Gesinnung, kein Mensch möchte sie erbitten, je eines Mannes Weib zu werden, höchstens daß es *mir* gelänge, sie zu bereden. Enthaltet Euch noch diese Woche, ich will mit ihr sprechen und dann sehen, Euch einmal zusammenzubringen, verlaßt Euch nur auf mich!«

Während er nun, froh über die glückliche Aussicht, von bannen ging und es sich wohl sein ließ, bis der große Tag käme, pflegte auch sie des Weibes, das sie in ihrem Schlafzimmer verborgen hatte, auf das beste: Sie durfte niemals vor die Tür, Essen, Schlafen und Baden war ihre ganze Tätigkeit. Das Bett, darauf sie lag, war weich und hoch, der schnellste Floh hätte es nicht erspringen können, dazu gegen den Staub um und um verhangen. Auf dem Estrich war Gras und Laub gestreut, Bretter und Wände ganz mit Blumen überdeckt, so daß man nichts denn Blumen in dem ganzen Zimmer sah. Der Gefangenen war es so wohl darin, sie glaubte im Paradiese zu sein. Dazu kaufte die Meisterin stets das beste, was auf dem Markte feil war, Wildes und Zahmes, denn sie hatte ja im Beutel das Geld der Nachbarin, das diese mitgebracht, und brauchte damit nicht zu geizen. Überdies verstand sie es, gut zu kochen, und machte so in den sechs Wochen aus ihrer Gevatterin ein Weib, wie man es so schön in der ganzen Gegend nicht hätte finden können. Außerdem schaffte sie ihr weit bessere Kleider an als sonst die Bäuerinnen in der Nachbarschaft besaßen, einen Mantel, blau von Farbe und trefflich genäht, darunter einen gar hochmütigen weißen Pelzrock, dazu ein seidenes Kopftüchlein und einen Hut, der ihr reizend zu Gesichte stand, sowie von der besten Leinenwäsche. Wer sie früher gekannt hatte, dem mußte sie jetzt wie eine Fremde erscheinen. Ihr Röcklein und Hemde war zierlich und weiß und kunstvoll in lauter kleine Falten gelegt, ihr Gürtel nicht zu breit und schön mit Golde beschlagen, daran sie stets ein Beutelchen mit Wohlgerüchen tragen mußte. Die Schuhe und ihr weißer Kopfputz waren gleichfalls ohne Tadel, so fehlte nichts an ihr von oben bis unten, und sie schien, wie sie da war, zu einem tüchtigen Weibe recht wie geschaffen. Als nun die sechste Woche ein Ende nahm, meldete sich der Mann wieder und fragte fröhlich, wie es wäre? »Ich weiß gar nicht, wie Ihr mir das lohnen wollt«, erwiderte die Meisterin, »was ich Eurer Sache wegen für Mühe hatte vor lauter Erzählen, wie treu, ehrbar, redlich, wahrhaftig, lieb, mild und gut Ihr wäret, dazu auch noch bescheiden, fröhlich und zuverlässig. Wenn Ihr das nun nicht bewährt, so ist meine Ehre dahin. Denn die Frau will herkommen und Euch heute hier sehen: sie soll bei mir speisen, so mögt denn auch Ihr hier essen, aber es muß alles heimlich geschehen. Sobald Ihr die Messe gehört habt, kommt Ihr her, doch so verstohlen, daß niemand weiß, wer Ihr seid. Dann laßt uns weitersehen!«

So mußte er denn zur Kirche gehen, er hätte es viel lieber bleiben lassen, denn es dünkte ihn eine Ewigkeit, ehe man die Messe zu Ende sang. Dann machte er sich heimlich vor den Leuten davon und schlich zu dem Hause. Die Gevatterin ließ ihn sogleich ein und führte ihn in das Zimmer, das mit den schönen Blumen ausgeschmückt war. Frisches Laub, Kräuter und Gräser machten die Luft darin kühl, dazu hatte sie die Stühle mit allerlei bunten Kissen bedeckt und eine treffliche Mahlzeit vorbereitet. Als er eintrat, begrüßte die Fremde ihn lieblich, er dankte mit Anstand. Sie lud ihn ein, sich zu ihr zu setzen, des dünkte er sich der seligste Mann. Fröhlich sah er ihr ins Gesicht und sie schien ihm schön, daß er meinte, für ewig aller Not frei zu sein, wenn sie ihm zuteile würde. Die Gevatterin brachte Handwasser, dann wurde vorzüglich gespeist. Der Mann war toll vor Freude, und suchte nur nach einer Gelegenheit, der Gevatterin zu danken. Als abgegessen war, nahm er sie froh bei den Händen, und führte sie ein wenig abseits an das andre Ende des Zimmers und sprach: »Um Gotteswillen, tut was in Eurer Macht liegt, und verbindet mich und das Weib. Das Warten zehrt mich auf.« »Allein ich fürchte«, erwiderte die Gevatterin, »daß meine Freundin noch einmal großen Haß von Euch erdulden muß, ich weiß schon, warum. Verführt Ihr auch mit diesem Weibe so, Ihr brächtet mich in die größte Schande und Not, denn ich habe in Eurem Namen geloben müssen, Ihr wäret der beste Ehemann, den die Welt je gesehen hat.« »Dafür nehmt meinen Eid,« rief er, »und jede Sicherheit, die Ihr Euch nur denken könnt!« »Gut«, sagte sie, »so kommt des Nachts her und liegt ihr heimlich bei! Wie sie Euch dann morgen erscheint, danach wollen wir uns richten. Unser beider Ehre wäre dahin, wenn Ihr etwas tätet, was ihr mißfällt. Denn sie ist gut ganz und gar, und niemand trüge dann die Schuld als Ihr ganz allein. Nun laßt sehen, ob ihr dazu taugt, Gutes um Gutes zu nehmen!« »Das sollt Ihr sehen«, entgegnete er: »Wenn sie mir hold wird, will ich mehr Ehren auf sie häufen, als ein Pfaffe in seinen Büchern lesen kann.« »Nun«, sagte sie, »so kommt nur des Nachts, dann wollen wir ja morgens erfahren, wes Geistes ihr seid, das nutzt mir mehr als alle Eure Eide. Sagt doch ein weises Wort: Und fände der Narr noch soviel Goldes, es hilft ihm dennoch nichts. Wer sich nicht sträubt, Ehre zu haben, der allein hat sie.« Da ging er denn eilends davon, kehrte heimlich des Nachts wieder und wurde wohl aufgenommen. Die Nacht ging dahin, weit schneller, als ihm lieb war. »Mein Lebtag hab' ich nichts Besseres gehört,« dachte er, »als was ich hier erlebt habe!« Da kam die Gevatterin herein und mahnte: »Steht auf, es ist Tag!« »Ich mag nicht«, erwiderte er: »Gehe es, wie es wolle, aber von dem Weibe bringt mich keiner fort. Da hat mir ja Gott das Himmelreich auf Erden gegeben, lebt' ich doch nur so lange, daß ich's auch ausgenießen kann!« So blieb er denn bei dem Weibe, viele Nächte und Tage und konnte sich ihrer nicht ersättigen. Wagen und Pflug ließ er stille stehen, bis seine Freunde zu ihm kamen und ihm, da sie ihn liegen sahen, zusprachen, er wolle sich wohl zu Grunde richten, er möge lieber schaffen als auf dem Liebesfaulbett liegen. Er aber erwiderte: »Die Liebe ist so groß, die mich an das Weib kettet, wenn einer mich von ihr fortbrächte, das müßte mit Zauber geschehen. Nun weiß ich erst, was ein Weib ist, und welche Gnade von Frauen kommen kann.« So verlag er sich da, bis sein Lotterleben weit und breit landkundig wurde, denn er machte nun keinem ein Hehl daraus, daß er glaube, Gott habe ihm auf diese Weise das Himmelreich auf Erden geben wollen. Von Tag zu Tag verzehrte er untätig mehr und mehr von seinem Gut, bis dieses gänzlich auf- und weggezehrt war. Da sprach er zu dem Weibe: »Gott helfe mir, ich werde Hungers sterben, niemand will uns mehr ein Brot borgen oder schenken. Aber soll ich mein Leben verlieren, so muß es hier bei dir geschehen, ich stürbe, wenn ich dich nicht mehr sähe.«

Als die Frau sah, daß er von ihr nicht mehr los konnte, nicht einmal so weit, um ein Stücklein Brot zu erwerben, da wollte sie die Liebe nicht länger schuldig werden lassen an so großer Not und sprach: »Ei, sagt mir doch im Namen Gottes, wodurch ist denn mein Leib so gut gegen früher, da Ihr mich noch schlugt bei Tag und Nacht? Ich weiß wohl, wie es damals um uns stand und wie es heute steht.« Da murmelte er rasch einen Segen und fragte: »Hast du mir die Wahrheit gesagt?« »Ja«, entgegnete sie, »ich bin nicht gestorben und lebe noch, und wir wissen nun beide, daß du ein Narr bist, der Gut und Schlecht nicht unterscheiden kann.« »So schweige nur um Gottes willen über diese Geschichte«, rief er. »Ich würde ja der Bauern Spott bis an mein Ende, erführen sie etwas davon.«

Aber obwohl die beiden es verschwiegen und kein Wort darüber verlauten ließen, in zwölf Tagen war die Märe doch allenthalben durch das Land getragen und von niemand die Rede mehr als von der lebendig verstorbenen Frau und dem verwitweten Liebhaber seines eigenen Weibes. Wenn er sie schalt, sagten sie, er sei doch so unsinnig in sie verliebt gewesen und müsse wohl verrückt sein. Lobte er sie aber, so hielt sie ihm vor, daß er sie doch vordem so wacker durchgebläut, und nannte ihn erst recht verrückt. So mußte er ihren Spott ertragen und hätte ihn ertragen müssen, wär' er auch tausend Jahre alt geworden.

Das üble Kraut

Einstmals widerfuhr es einem Manne, daß er gerade dazu kam, wie ein Liebhaber von seiner Frau fortging. Sogleich hielt er ihr mit zornigen Worten ihre Treulosigkeit vor, sie aber erwiderte: »Wie? Willst du mir meine Ehre nehmen, lieber Mann? Du weißt, ich habe nie etwas Unrechtes wider dich getan. Glaube mir mehr als deinen Augen, die zeigen dir nur Gespenster und betrügen dich. Kommt die Rede vor die Tür, so haben wir nichts als die Schande davon. Lieber wär' ich verbrannt, als daß ich so was täte!« »Daß Gott dich in Schande bringe!« rief er, »ich habe deutlich vier Füße gesehen, die sind nicht an deinem Leibe gewachsen, das sag' ich dir. Ich habe es mit Augen gesehen, man soll sie mir ausreißen, wenn es nicht wahr ist!« Damit ergriff er ein Scheit, schlug sie weidlich auf den Rücken und zog sie an den Haaren im ganzen Hause herum. Sie aber schrie unterdessen immer wieder: »Du tust mir Unrecht, daß Gott mir helfe, du machst mich den Leuten nur zum Spott!« Das schrie sie um so lauter, als sie hoffte, die Nachbarn würden es hören und ihr zu Hilfe kommen. Und wirklich stürzten auch bald Männer und Frauen herbei und befreiten sie aus den wütenden Fäusten des Mannes. Da sie nun fragten, was es denn gegeben habe, sagte sie ihnen, der Teufel müsse ihn wohl reiten, daß er ihr so die Kleider zerrissen und zerfetzt habe. »Draußen ist er voll geworden, zu Hause muß ich's büßen«, rief sie. »Fluchen und Schelten hab' ich von ihm und andres nichts. Mit Wein hat er sich den Schlund angefüllt, der häßliche Satan, daß er mich so zerbläut!« Da baten sie ihn, er solle doch Frieden mit ihr machen. Das geschah denn auch und währte so seine vier Tage. Dann aber ging der Lärm von neuem los.

Da dachte das Weib, wie sie eine List ersinnen möchte, um sich vor den ewigen Schlägen des Mannes zu retten, von denen sie noch alle Glieder schmerzte». Kurz entschlossen ging sie zu einem alten Weibe, das war eine Kupplerin und in Liebesdingen wohl erfahren und sprach: »Gott lohn' dir, liebe Mutter, ich brauche dich recht sehr. Mein Mann will mir mit Stoßen und Schlagen den Tod antun, wär' ich ein harter Amboß, ich müßte davon in Stücke gehen. Könnt' ich ihm nun so lieb werden, wie ich ihm zuvor gewesen, dafür möcht' ich dir gern leihen und geben, was du verlangst. Ich muß dir nämlich bekennen, er hat einen von mir gehen sehen, du weißt schon, wen. Jetzt gib mir deinen Rat und deine Hilfe in dieser Angelegenheit.« »Das kann geschehen«, erwiderte die Alte. »Soll deinem Manne das Schlagen leid werden, daß er's für künftig mit tausend Eiden verschwört?« Da lachte das junge Weib. »Nun«, fuhr die Alte fort, »sei nur hübsch ruhig, meine Tochter, und sage an: habt Ihr an dem betreffenden Tage nicht vielleicht irgend eine ungewöhnliche Speise gegessen?« »Ja«, sagte jene, »ich erinnere mich genau: wir hatten Kerbelkraut im Essen«. »Das ist recht«, sprach die Alte, »nun fehlt es an nichts mehr, dir soll geholfen werden.« So nahm denn die Junge Abschied und begab sich wieder nach Hause. Kaum war sie dort angekommen, so ging auch der Mann schon auf sie zu und rief: »Wo bist du gewesen?« »Tropf«, entgegnete sie, »sahst du mich nicht vor der Kirche stehen? Was soll aus mir armen Weibe noch werden? Willst du stets so falsch sehen, so mach's mit deinen eigenen Augen ab und schrei sie an: Verfluchte Betrüger, wollt ihr mich denn immer zum Narren machen? Du gingst doch in die Kirche hinein, und standest bei deinem Vetter. Glaubst du, ich sah nicht, wie deine Augen dabei fortwährend nach einer Weibsperson schielten? Jetzt weiß ich doch, um was ich so ohne Schuld Kummer und Schläge ertragen muß: weil du selbst mit anderen Weibern Unzucht treibst, das hab' ich nun wohl erfahren.« Das alles sagte sie, weil sie hoffte, ihn selber klein zu machen, so daß er sein Zürnen fahren ließe. Er aber rief: »Beschönige dich nur auf diese Weise! Was ich gesehen habe, hab' ich gesehen, und kein Mensch wird mir's ausreden.« Da rang sie weinend die Hände: »Gott«, schrie sie, »schicke mir den Tod, daß ich nicht länger lebe! Mir tut nichts so weh, als daß derselbe Mann, dem ich nie untreu ward, mich betrügt und hintergeht!« Da mochte er es nicht länger mit anhören und ging wütend hinaus. Vor der Tür aber stand die alte Kupplerin und trat ihm grüßend entgegen: »Gott mit dir, mein Sohn,« sprach sie, »sage mir doch um des Himmelswillen, bist du verrückt geworden? Dein Aussehen hat sich auf eine Weise verändert, daß ich bis ins Herz darob erschrecke.« »Was habe ich denn?« fragte er. »Was du hast? Zwei Nasen und vier Füße hast du, daß Gott dir beistehe, geh' heim, es steht dir nicht gut.« Da mußte er laut lachen: »Mutter«, sagte er, »ist das dein Ernst oder Spott? Oder ist die Erscheinung jetzt wieder vorüber?« »Ob es mir Ernst ist?« entgegnete sie, »ich bin wahrlich schon zu alt zum Spotten. Es ist nichts daran zu ändern. Du hast zwei Nasen und vier Füße, so helfe mir

Gott, als es wahr ist.« »Dir rappelt's wohl im Kopfe, Mutter«, erwiderte er. »Glaub' mir, ich sehe just so aus, wie ich aussehen soll, und damit hab's denn ein Ende.« »Hm«, sagte das alte Kuppelweib, »laß dich doch ein wenig besser besehen! Da fällt mir ein, ich habe gestern ein übles Kraut gegessen, davon hab' ich immer solch ein Elend, daß ich falsch danach sehe. Wahrhaftig, da hab' ich dir nun wirklich Unrecht getan! Verzeih, nichts ist Schuld daran als das verfluchte Kraut! Wer das ißt, dem wird, er weiß nicht, wie, er sieht alles krumm und eins für zwei und zwei für drei. Lieber Sohn, sieh' meine Reue und nimm es mir nicht für übel auf!« »Seltsam«, entgegnete der Mann, »wie heißt denn dieses Kraut?« »Man nennt es Kerbelkraut«, sagte sie. »Hat mir nicht das verdammte Pflänzlein Sinn und Verstand betört!« »Kerbelkraut?« erwiderte er und dachte sogleich, ob nicht auch ihm dasselbe könnte geschehen sein und er vielleicht bei seinem Weibe vier Füße gesehen, wo in Wahrheit nur zwei gewesen. »Dann hätt' ich ihr großes Unrecht getan«, sprach er bei sich selbst. »Ich möchte wetten, auch ich habe von dem verfluchten Kraut gegessen.« Es kam ihm immer wahrscheinlicher vor, je länger er darüber nachdachte. Ängstlich nahm er von der Alten Abschied, die ihm lachend nachsah, und machte sich nach Hause.

Dort angekommen, fragte er sogleich seine Frau, was sie an dem Tage gegessen hätten, als er sie so fürchterlich geschlagen? »Frag' doch die Magd«, erwiderte sie zornig, »eben klagte sie mir, sie hätt' uns ein Kraut ins Mus getan, von dem dir sichtlich der Verstand aus dem Hirn gelaufen ist. Und ich glaubte, es wäre vom Weine.« »Wie heißt das Kraut?« rief er erregt. »Wie es heißt? Kerbelkraut heißt es«, sagte sie ruhig. »O weh!« sprach er, »liebes Trautchen, vergib mir nur, daß ich dir ohne Schuld so weh getan habe. Aber ich will dir ein Kleid dafür kaufen, das beste, das man findet, das schwör' ich dir.« Da lachte die Frau und segnete das Teufelskraut, das sie ihm noch öfter in das Mus zu tun gedachte.

Der lebendig begrabene Ehemann

Ein Mann sprach einmal zu seinem Weibe: »Wahrlich, du bist mir so lieb, wie mein eigenes Leben, und liebtest du mich so sehr, wie ich dich liebe, ich nähme nicht der Griechen Gold darum. Aber freilich, so hold wirst du mir niemals werden, denn mein Herz und alle meine Sinne sind dein, weit über aller Worte Maß.« »Das solltest du mir durch die Tat beweisen«, erwiderte die Frau. »Ich habe stets getan, worum du mich batest, und dir nie etwas verweigert. So will ich nun auch dich um etwas bitten, was du mir zuliebe tun sollst. Dann wirst du sehen, daß du mir noch weit lieber wirst, als ich dir.« »Sprich«, sagte er, »wenn du mich darum so sehr lieben willst, wie ich dich liebe, so tue ich alles, was du begehrst.« Da entgegnete die Frau: »Sieh, nichts kränkt ein Weib so sehr und geht ihr tiefer zu Herzen, als wenn der Mann nicht glauben will, was sie ihm sagt. Kein Ding tut uns so weh wie dies.« »Ist das alles, worum du mich bitten willst?« fragte der Mann. »Das ist alles«, antwortete das Weib. »Ei, das wäre ja Betrug und Mord«, rief er da, »wenn ich mich dazu nicht bereit fände. Ich habe dich so lieb, daß ich dir gern einen heiligen Eid schwören will, alles zu glauben, was du mir sagst. Denn wenn du mich dafür lieben willst, wie ich dich, so kann es keinen Trug zwischen uns geben.« Sogleich hob er die Hand zum Eid und schwur ihr feierlich zu, keinerlei Mißtrauen in ihre Rede zu setzen. »Ich will sehen, ob er's auch hält«, dachte die Frau und suchte ihn auf die Probe zu stellen.

Eines Tages war es eben strahlendster Mittagssonnenschein, da sagte die Frau zu ihm: »Lieber Mann, es ist Nacht, ich habe uns das Abendessen zugerichtet, laß uns essen und schlafen gehen.« »Was heißt das?« erwiderte er, »es ist doch noch kaum Mittag.« »Ei, seht doch«, rief sie da sogleich, »daß ich dich so gut gehalten habe, tut mir wahrlich leid. Denn nun sehe ich, daß der Männer Treue böse ist und du immer treulos an deinem Eide handeln wirst. Was würde es dir nun geschadet haben, wenn du gesagt hättest: Jawohl, es ist Nacht? Meinst du denn, ich wüßte nicht so gut wie du, daß es kaum Mittag ist? Aber hier scheidet sich unsere Freundschaft und ich will dich künftig für nichts anderes mehr schätzen als für ein treuloses Faß!« Sie schwur, ihm nie wieder hold zu werden, ihm aber tat die Drohung so weh, daß er sich gar nicht zu fassen wußte, denn er hatte sie über die Maßen lieb. »Daß ich das vergessen konnte«, rief er verzweifelt und stürzte sich ihr zu Füßen. »Liebe Frau, Süße, ich will Buße dafür tun und schwöre dir, daß es nie wieder geschehen wird. Kommt es noch einmal vor, so gelobe ich dir, daß es dann keine Sühne mehr dafür geben soll.« »Gut«, erwiderte sie, »ich will es diesmal noch hingehen lassen. Aber tust du es noch einmal, so ist unsere Freundschaft ohne Widerrede dahin.« Da freute er sich, daß ihr Zorn so schnell verraucht war, sie aber dachte auf eine neue Probe, um zu versuchen, ob sie ihn nun gänzlich unter ihre Gewalt gebracht.

Zwölf Tage danach machte sie ihm ein Vollbad von eiskaltem Wasser, hieß ihn hineingehen und sprach: »Es ist warm.« Da war er so mutlos, daß er kein Wort dawider sagte, denn er fürchtete ihre Liebe zu verlieren. Uud so sehr er auch in dem Bade fror und klapperte, meinte er doch, es sei wahrlich warm genug. Da freute sich ihr Herz und ihr Stolz und Hochmut wuchs gewaltig. Doch hielt sie ihn sonst gut, wie sie schon zuvor getan, und setzte es sich zur Regel, ihm das Leben im übrigen angenehm zu machen, so daß er ihr ganz und gar unterlag. Sie hätte sprechen können: Die Erde ist von Gold, er würde ohne Zögern Ja und Amen dazu gesagt haben. So ging ein halbes Jahr dahin.

Nun lebte in der Stadt ein Pfaffe, der setzte dem Weibe kräftig zu, so oft er es nur fügen konnte, daß er sie allein sah, und brachte sie zuletzt dahin, ihm zu Willen zu sein. Da bemerkte der Mann eines Tages, wie jener gerade von ihr aus dem Stadel herauskam, und sagte zu seiner Frau: »Das ist nicht recht von dir, daß du mit dem Pfaffen heimlich tust!« »Das lügst du«, schrie sie, »aber dir schwillt der Kamm, weil ich zu gut gegen dich bin. O, du weißt recht wohl, daß kein Mann seinem Weibe lieber ist, als du mir. Und glaubst du mir nicht, so sollst du etwas zu sehen bekommen, daran du dein Lebtag genug hast. Entweder du heißest ein für allemale gut, was immer ich spreche und tue, oder wir sind geschiedene Leute für immerdar!« Da entgegnete er: »Es ist alles gut, was du Reine tust, und deine Worte sind alle wahr. Und lebtest du tausend Jahre, ich zeihe dich keines Dinges mehr.« Sie tat nun alles, um ihm das Leben im Hause immer angenehmer zu machen und es ihm recht bequem und wohlig zu richten, so daß er überzeugt war, das allerbeste Weib zu besitzen, das je ein Mann gewonnen habe.

Indessen aber wuchs ihre Liebe zu dem Pfaffen so sehr, daß ihr der Mann verleidet ward und sie darüber nachzusinnen begann, wie sie sich seiner entledigen könnte. Als er eines Tages vom Ackern nach Hause kam, ging sie auf ihn zu und sah ihm ins Gesicht: »Was ist dir geschehen?« fragte sie, »o, ich armes Weib!« »Was meinst du damit, Liebe?« fragte der Mann. »Du bist ja totenbleich«, rief sie, »da ist nichts dawider zu tun: der Tod kriecht dir zum Herzen. Geh und lege dich ins Bett! Weh mir, du willst sterben! Laß mich den Pfaffen holen, daß er dir die Seele bewahre!« So brachte sie eiligst den Pfaffen heran und hieß den Mann beichten. Er war nicht schwer dazu zu bewegen, denn er wollte ja in allen Dingen ihren Willen tun, einmal, weil sie ihn so gut hielt, dann aber auch, weil nie ein Mann sein Weib so äffisch lieb gewonnen. Als sie ihm die Beichte abgenommen hatten und das Nachtmahl ihm gereicht war, ging der Pfaffe fort, sie aber gab ihm eine schön brennende Kerze in die Hand und schloß ihm die Augen zu. »Lieber Mann«, sagte sie, »nun tu' wie die andern, wenn sie im Sterben liegen. Denn leider Gottes, du bist tot und darfst dich nicht mehr bewegen.«

Dann wurde er auf die Bahre gelegt, die Nachbarn kamen und man hielt nun die Wache bei ihm die ganze Nacht, bis der Morgen erschien. Als man ihn zur Kirche trug, ging das Weib trauernd hinter dem Sarge her, weinte und gebärdete sich kläglich. Eine Seelenmesse ward gesungen, dann wurde der Leichnam zu Grabe getragen. Das Weib und der Pfaffe freuten sich heimlich, seiner ledig zu sein, der Tölpel aber lag ruhig in seinem Sarge und dachte, sie versuche ihn nur wie das erste Mal, um ihn danach um so fröhlicher zu machen. Dabei blieb er und ließ sich nicht beirren, so lange bis man ihn in das Grab hub und sogleich einzuscharren begann. Da endlich fing er an zu rufen und zu schreien und gebärdete sich in allen Stücken wie einer, der noch lebendig ist, aber schon die Faust des Todes fühlt. Der Pfaffe jedoch gebot laut allen Anwesenden, einen Segen für sich zu sprechen und Gott innig zu bitten, er möge den Teufel vertreiben, daß er nicht länger in dem armen Leichnam herumspuke. »Gottes Wille geschehe!« sagte das Weib. »Amen!« fielen alle ein, die bei dem Grabe standen.

So verlor er sein Leben; was er auch rief und schrie, die beiden blieben dabei, es sei der Teufel, und ließen ihn nicht heraus. Das aber war die Strafe dafür, daß er ein törichtes Weib zum Meister über sein Schicksal gesetzt hatte.

Weib und Mann

Ein Mann sprach zu seinem Weibe: »Glaubst du denn, daß ich zeit meines Lebens bei dir bleiben werde? Ein Jährlein noch und du kannst gehen, über vierzig Wochen sind wir geschiedene Leute, nicht einmal dreißig halt' ich's noch aus. Warum sollt' ich das noch volle zwanzig Wochen erdulden? Laß sechzehn vorüber gehen und es ist vorbei zwischen uns, in der zwölften lauf' ich davon. Ja, ich will ein Schurke sein, wenn ich nicht in sechs Wochen ein Ende mache. Wenn aber Gott mir das Leben schenkt, so dauert es keine vierzehn Nächte mehr: in sieben Tagen mach' ich mich über den Berg. Drei Tage will ich es noch auf mich nehmen, aber das beste wäre, wir trennten uns morgen. Ach, wie soll ich es ertragen, diesen ganzen Tag noch bei dir zu bleiben? Darum will ich es nicht anders, du mußt sogleich von mir! Sah ich denn den Teufel in dir, daß ich so lange bei dir ausgehalten habe und dich nicht aus meinem Hause trieb? Du bist böse und falsch, häßlich und geizig, verschrumpft und schmutzig, deine Arme riechen wie Harz. Du bist aller Weiber Ausbund und der Welt ein Übelbefinden und Schandfleck. Und wenn mir einer drei Pfund gäbe, daß ich bis morgen bei dir bleibe, sie gälten mir nichts, denn mir gruselt, wenn ich dich ansehe. Hätt' ich einen Sack voll von Pfennigen, ich gäb' ihn mit Freuden, war' ich nur schon eine Meile von dir! Und wäre die Erde mein, weg damit, wenn ich dir bloß aus den Augen wäre!«

Da erwiderte das Weib: »Bei meinem Leben, so soll es sogleich an ein Scheiden gehen! Höchstens, daß wir noch bis morgen beisammen bleiben. Du sagst, ich gefalle dir so übel, gut, das soll dir nicht geschenkt sein, in zwei Wochen geh' ich meiner Wege. Und wenn es dir das Herz abbricht, länger als dreißig Tage sieht mich niemand hier, und kämst du mit deiner ganzen Verwandtschaft daher, über acht Wochen ist das Liedlein versungen. Nicht der Kaiser möchte mich zwingen, mehr als ein halb Jahr bei dir auszuhalten. Aber eins sage ich dir, ich bin dein Weib, so kann nichts als der Tod uns scheiden, und nicht Gott noch Teufel wird mich hindern, daß ich nicht in Ewigkeit bei dir bleibe. Ich breche dir den Hals wie einem Huhn, wenn du ein Wort dagegen sagst!« Da duckte er sich und sprach: »Laß deinen Zorn fahren, wahrhaftig, ich weiß nicht, was ich den Tag gesprochen habe, ich glaube, ich war betrunken. So mir unser Herr Jesus helfe, du warst und bist mir so lieb wie mein eigenes Leben. Nie ward ein besser Weib geboren, alle Gelehrten zusammen vermöchten deine Tugend nicht zu Ende zu schreiben. Du bist ein Weib wie die Sonne vor den Sternen, alle Frauen müßten bei dir in die Schule geh«. Dein lieblicher Leib glänzt vor aller Frauen Lieblichkeit, dir müßte die Welt gehören, dir ein Leben in ewiger Jugend und Kraft beschieden sein!« Sie entgegnete: »So sei dir vergeben, was du mir angetan hast!« Da küßten sie sich, er nahm sie bei der Hand und führte sie zum Bette. Als sie darinnen lagen, lachten sie und sangen mitsammen ein Lied in einer hohen Weise.

Das Schrätel und der Wasserbär

Einst sandte der edle König von Norwegen dem mächtigen Könige von Dänemark einen großen zahmen Wasserbären zum Geschenk und ließ das Tier durch einen wegkundigen normannischen Bauer, der es führen und pflegen mußte, an den Ort seiner Bestimmung bringen. Nachdem die beiden über See gefahren waren, gelangten sie nach Dänemark, in des Königs Land. Als sie sich ausgeschifft hatten, nahm der Bärenmeister den Bären an die Leine und trabte gemächlich mit ihm weiter, bis der Abend ihn zur Eile zwang, wenn er noch vor Nacht eine Herberge erreichen wollte. Endlich sah er ein schönes Dorf vor sich liegen, da wandte er sich hin, den Bären getreulich zur Seite. Angelangt, hoffte er in einem Hofe, der stattlich und geräumig vor ihm lag und einem Ritter oder einem andern reichen Manne zu gehören schien, ein gutes Nachtquartier zu bekommen. Bald fand er denn auch den Herrn des Hofes, der traurig vor dem Tore stand, einen guten, einfältigen Bauer, der, ob er auch selbst sein Brot in saurer Arbeit erwarb, doch gerne auch andern davon mitteilte, wenn man ihn fromm und bescheiden darum bat. Als der Normanne mit dem Bären ihn gegrüßt hatte, dankte er ihm mit einem schönen »Vergelt's Gott!« und hieß ihn willkommen. »Freund«, sprach er dann, »was in Christi Namen führt Ihr da für ein Tier an der Hand? Ist es heilig oder unheilig oder gar ein Meerwunder? Es sieht so erschrecklich aus, muß ich mich nicht vor ihm fürchten?« »Nein, Herr«, entgegnete der Normanne, »das braucht es nicht. Es ist ein zahmer Wasserbär, der ehrenreiche König von Norwegen sendet ihn Eurem kühnen Fürsten zum Präsent, und ich soll ihn führen und hinbringen. Lieber Wirt, nun tut mir die Liebe und laßt mich unter Eurem Dache die Nacht verbringen.« Da sprach der gute, einfältige Däne: »Ach, leider habe ich gar keine Macht über meinen Hof und mein Haus«. »Wie kann das sein?« fragte der Normanne. »Ein Teufelswesen oder höllisches Gespenst ist zu mir in meinen Hof gekommen«, erwiderte der Wirt, »und hat mir alles geraubt, was ich je an Freuden gewann. Ich kann auf keine Weise herausbekommen, von welcher Art Geschöpfen es sei: seine Hand ist schwer wie ein Blei, wen es mit seinem Schlage erreicht, der fällt zu Boden, er sei so stark wie er wolle und seine Klage noch so groß. Von seiner Gestalt und Gliedern habe ich leider nie etwas gesehen, aber das sage ich Euch, ich wüßte kein Tier, das so große Kraft besäße und so gelenk wäre, wie dies Gespenst: Tische, Stühle und Bänke sind ihm nicht schwerer als ein Ball, Schüsseln und Töpfe fliegen in die Luft und zu Boden, es rumpelt und kracht, Ofenbretter und Ofensteine, Körbe und Kisten wirft es lärmend durcheinander, so daß noch alles entzwei und drunter und drüber gehen wird, was in meinem Hofe ist. Zudem habe ich Angst für mich selber und mochte nicht länger in dem Hause bleiben. So hat es mir Gesinde und Vieh vertrieben und haust nun ganz allein auf dem Hofe. Ach, ich habe viel Ungemach von ihm zu dulden: denn nun lebe ich, wie Ihr seht, ohne Hausrat hier außen in einem Hüttlein, das ich mir aufs Feld gebaut, und muß all meinen Hausfrieden zerstört und zerrüttet sehen.« »Lieber Wirt«, entgegnete der Gast höflich, »Ihr tut mir herzlich leid. Dennoch bitte ich Euch, wollt mir gestatten, daß ich über Nacht darinnen bleibe. Vielleicht hilft mir Gott, daß der Teufel und sein Trug mir nicht nahe kommt.« »Wenn Ihr Euch traut«, meinte der Wirt, »ich gönnte es Euch wohl. Aber die Wahrheit zu sagen: es kommt mir recht unsinnig vor.« »Gebt mir und meinen Bären nur etwas zu essen«, erwiderte der Normanne, »ob ich Euch dann unsinnig oder klug erscheinen mag, ich wag' es, geh's, wie es wolle.« »Nun, wenn Ihr durchaus keinen Rat annehmen wollt«, sprach der Wirt, »an mir soll es nicht liegen. Ich gebe Euch gern, was ich habe, und bitte Euch, mit meiner einfältigen Armut vorlieb zu nehmen.« So gab er ihm denn nach Landesbrauch Bier und Brot, Fleisch, Rüben, Salz, Eier und frische Butter und für den Bären einen Widder. Der Gast dankte ihm herzlich, packte seine Speisen zusammen und begab sich in Gottes Namen mit dem Bären in den Hof hinein. Dort legte er den Gottessegen vor sich nieder und ging in ein Backhaus, das er bald herausgefunden hatte. Die gruseligen Erzählungen des Wirts waren ihm recht gleichgültig: frisch machte er sich ein Feuer an, denn ihn hungerte weidlich, und sott und briet sein Essen darauf. Als dieses fertig war, aß und trank er fröhlich, gab auch seinem Bären so viel, daß er satt davon wurde, und legte sich dann, von Müdigkeit übermannt, auf eine Bank nieder, wo er bald einschlief. Der Bär, gleichfalls vom vielen Gehen ermattet, legte sich, als er genug hatte, zum Feuer und streckte die müden Glieder.

Als nun Mann und Bär im tiefsten Schlafe lagen, horch, da kam ein Schrätel leise dahergelaufen, das war kaum drei Spannen lang, und hüpfte eilig an das Feuer: es war grauenhaft häßlich anzusehen, hatte ein rotes Käppel auf dem Kopfe und trug ein Stück Fleisch, auf einen eisernen Spieß gesteckt, in den Händen. An dem Feuer setzte sich das Wesen hin und begann, sich das Fleisch zu braten. Als es den Bären gewahrte, dachte es: »Was will dieses Untier hier? Greulich genug sieht es aus und dulde ich es da, möchte es mir am Ende zum Schaden geraten. Nein, ich muß es vertreiben, hab' ich die anderen verjagt, so soll mir auch dieses weichen.« Giftig blickte es auf den Bären, schielte immer wieder nach ihm hin, zuletzt gab es sich einen Ruck und führte mit dem Spieß einen Schlag auf den Nacken des schlafenden Tieres. Der Bär rümpfte sich und greinte es an. Da sprang das Schrätel beiseite und briet sein Fleisch weiter, bis es von Schmalze troff. Dann schlug es den Bären noch einmal, dieser aber rührte sich nicht. Als nun das Schrätel sah, daß der Braten in der Hitze brauste und prasselte, schwang es den Spieß mit dem siedenden Fleisch hoch über seinen Kopf und schlug damit aus Leibeskräften den Bären um das Maul. Da blieb denn der Bär auch nicht länger geduldig liegen, fuhr auf, lief den Kobold an, daß er ihm nicht entrinnen konnte, faßte ihn mit den Tatzen und begann ihm so grimmig zu beißen, zu kratzen und mit gekrümmten Klauen auf ihn einzuschlagen, daß dieser laut und jämmerlich zu schreien anhub: »Weh, Herr, weh! Weh, Herr, weh!« Aber so klein und winzig seine Glieder auch waren, das Schrätel hatte doch Kraft und griff hinwieder dem Bären in den Schlund, zerrte, biß, kratzte und raufte ihn, daß er vor Zorn laut aufbrummte und so schrecklich zu brüllen begann, daß der ganze Hof davon erdröhnte. Sie tobten so grausam, es war ein rechtes Wunder, wenn sie am Leben blieben: bald war das Schrätel oben, bald der Bär, so wälzten sie sich und kratzten und heulten, bissen und schnoben, hieben und zerrten so grimmig, daß der Bärenmeister in seinem Schrecken in den Backofen kroch und gar traurig aus der Ofentür herausguckte. Das Herz wollte ihm brechen für seinen guten Bären, als er so aus seinem Lugloch das jämmerliche Schauspiel sah. Das Schrätel und der Bär aber rauften weiter, bis es schon gen Mitternacht ging. Da endlich gelang es dem braven Tier, den Kobold doch zu überwinden, so daß er floh und verschwand, Gott weiß, wohin. Da legte sich der Bär wieder auf den Estrich nieder und streckte erschöpft die Glieder von sich.

Der Normanne sah dies alles wohl, trotzdem aber kam er nicht aus dem Ofen heraus, sondern blieb, zitternd vor Angst, bis zum hellichten Tage darin. Dann erst kroch er, rußig von oben bis unten, aus der Ofentür. Darauf nahm er seinen Bären und führte ihn aus dem Hofe hinaus. Der Wirt stand schon vor dem Tor und bot dem Gast einen guten Morgen. »Lebt Ihr noch, guter Mann?« fragte er, denn er hatte den schrecklichen Lärm wohl vernommen, der nachts in dem Hofe vollführt worden war. »Ja«, meinte der andere, »so Gott mir's gönnt, gedenke ich noch ein Weilchen weiterzuleben.« Um es kurz zu machen: er dankte dem Wirte herzlich, nahm Abschied und ging von dannen, den zerschundenen Bären an der Leine.

Als der Bauer nun desselbigen Tags seinen Pflug gerüstet hatte, fuhr er damit aufs Feld, begann zu ackern und führte und trieb seine Ochsen wie alle Tage. Plötzlich aber kam das Schrätel dahergelaufen und stellte sich auf einen Stein: Die Beine waren ihm auf und ab mit Blut beronnen, sein kleiner Leib zerkratzt und zerbissen, das rote Käppel, das es trug, zerzerrt und zerfetzt. Da rief es dem Bauer gar greulich und laut wohl dreimal hintereinander: »Hörst du, du! Hörst du, du! Hörst du, du! Sag', lebt die große Katze noch, die du im Hause hast?« Der Bauer blickte auf, sah ihm ins Gesicht und antwortete: »Ei ja, dir zu Trutz und Schaden lebt meine große Katze noch, und hat mir, bei meinen guten Öchslein und dem schönen Joch sei's geschworen, heute Nacht fünf Junge geworfen, die hübschesten von der Welt, schlank, weiß und glänzend und alle der alten Katze gleich.« »Was? Fünf Junge?« fragte das Schrätlein. »Ja, meiner Treue«, sagte er, »lauf hin und schau selbst, so schöne Katzen bekommst du so leicht nicht wieder zu sehen.« »Pfi«, rief das Schrätel, »pfi! In deinen Hof bringt mich keins mehr hin. Hat mir schon die eine Katze so weh getan, sind es nun ihrer sechs, die täten mich morden«, und war im gleichen Augenblick verschwunden. Da freute sich der Bauer, ging heim, zog wieder in seinen Hof und lebte künftig mit Weib und Kind friedlich darin bis an sein Ende.

Zwei Tiergeschichten

(Der Stricker)

1

Der Esel in der Fremde

Es war einmal ein Esel, der immerzu die größten und schwersten Säcke tragen mußte, so daß er bald in die trübseligsten Klagen über sein widriges Schicksal ausbrach. Da vernahm er eines Tages von einem Lande, wo, sagte man, noch nie ein Esel gesehen worden sei und man gar nicht wußte, welch eine Art Tier das wäre. »Wie gut könnte ich es dort haben«, dachte er sogleich, »käme ich in dieses Land, so lebte ich ohne Arbeit und gewönne zu dem noch eine bedeutende öffentliche Hochschätzung. Hier ist es mir wahrlich armselig genug ergangen, ich will nicht zögern und mich unverzüglich dahin aufmachen. Werde ich dann dort der Leute gewahr, so lasse ich meine Stimme erschallen, die wird ihnen dann so grimmig vorkommen, sie werden sich kaum zu atmen getrauen und froh sein, wenn ich sie in Frieden lasse. So kann ich Zeit meines Lebens noch der ungestörtesten Freiheit genießen.«

Er machte sich also auf, kam in das erwähnte Land und am Ende auch in eine große Stadt, die es dort gab. Sogleich machte er sich über die erste beste Wiese her, die ihm am Wege lag. Als nun der Besitzer des Grases herbeigelaufen kam, um den Eindringling aus seinem Eigentume zu vertreiben, kehrte sich der Esel zu ihm hin und begann aus Leibeskräften zu schreien, daß die Luft davon erbebte. Da erschrak der Mann heftig und lobte Gott, daß es ihm gelang, dem schrecklichen Tiere zu entrinnen. Rasch stürzte er dahin, wo er das Glockenseil fand, und begann sogleich mit wildem Schalle zum Sturme zu läuten. Die Bürger liefen herbei und fragten alle, was es gäbe? Da sagte er ihnen die Mär, daß ein schreckliches Tier gekommen sei, das würde ihn sicher noch ums Leben gebracht haben und hätte eine gewaltige Stimme und wäre so zornmütig, daß es keineswegs habe von ihm entfliehen wollen, wie man doch von einem Tiere billig erwarten müßte. Nun stehe es auf seiner Wiese und fresse ihm das Gras auf. Da entstand eine gewaltige Bewegung unter den Bürgern: wer gut zu Pferde war oder glaubte, rascher zu Fuß vorwärtszukommen, setzte seinen Eifer darein, mit den andern in großem Zuge vor das Tor hinauszuziehen. Als sie nun des Esels ansichtig wurden, machten die zaghafteren sogleich halt. Die aber ihren Mannesmut beweisen wollten, gingen ein klein wenig näher hin, auch die Berittenen glaubten, es immerhin wagen zu können. Der Esel befand sich gerade in übermütiger Stimmung, sowohl von dem himmlischen Grase, das er gefressen, als weil er von der langen Ruhe gekräftigt war. Da lief er ihnen, nach übermütiger Eselsart, von Genuß und Erholung üppig geworden, laut schreiend entgegen. Als sie ihn von fern so daherkommen sahen und sein fröhliches Geschrei vernahmen, wandten sie sich stürmisch zur Flucht, der Esel immer hinter ihnen her. Wessen Pferd nicht rasch laufen mochte, der bearbeitete es wütend mit beiden Sporen, denn sie hätten schwören mögen, der Esel würde Beide fressen, Roß sowohl wie Mann. Wem es gelang auf einen Baum zu entrinnen oder zeitig die Stadt zu erreichen, der pries sich glücklich. Wo der Weg sich verengte, gab es ein solches Gedränge, daß die Schwächeren und die Kinder schier zu Tode getreten, gekeilt und gestoßen wurden, so daß, wer dessen Gefahr lief, eiligst auf irgend einen erhöhten Stein entfloh. Die Übrigen drängten in wilder Hast nach Hause: mancher, der auf eine Mauer oder ein Dach entwischt war, begann von hoch droben Gott zu preisen. Die Reichen und Angesehenen kamen natürlich zuerst in die Stadt. Kaum drinnen, schlossen sie rasch hinter sich das Burgtor zu und sperrten die Ärmeren aus. Dann warteten sie ab, was nun geschehen würde. Als das arme Volk sah, daß der Weg ihm abgeschnitten war, da entstand außerhalb ein solches Geschrei von den armen Leuten, daß es zum Gotterbarmen war. Alles, jung und alt, war überzeugt, ihr letzter Tag sei erschienen. Es war ein gar verzagtes Heer: sie liefen bis an die Brustwehr und aller Augen schauten nun starr nach dem Tiere hin. Sie glaubten, jetzt müsse das Fürchterliche geschehen. Aber siehe! das Tier tat keinem den Tod an. Im Gegenteil, so schrecklich es sich auch gebärdet hatte, nun wurde es, als es vor das Burgtor kam und die Rosse nicht mehr sah, wieder recht still und gutmütig und am Ende auch des ewigen Schreiens überdrüssig. Als die in der Stadt wahrnahmen, daß der Esel zu den Leuten ging und sie dennoch ungebissen ließ, da begannen dieselben, die kurz vorher das Tor zugeschlossen hatten, grimmig zu schwören und konnten auf keine Weise davon abgebracht werden, sie wollten vor das Tor ziehen und zu ihren Freunden stehen, um mit ihnen zu erdulden, was jenen zu leiden bestimmt sei. Zwar begann der Esel nun wieder zu schreien, aber kein Mensch floh mehr davor. Sie gingen auf ihn zu, fingen den Narren an seinen langen Ohren und zogen ihn weiter. Dazu sprangen ihrer vier rasch auf seinen Rücken und ritten ihn in die Stadt hinein. Dann berieten sich die Bürger untereinander, dies Tier habe ihnen Gott gesandt, es solle ihnen allen früh und spät die Säcke nach der Mühle tragen, dazu sei es auf das Beste geschaffen. Und so geschah es. Der Esel trug die Säcke der ganzen Stadt, seit er die Menschen mit seiner Stimme hatte erschrecken wollen. War er vordem das Packtier von Einem gewesen, so war er jetzt ein Esel für Jedermann. Wie es dergleichen auch heute noch gibt.

2

Kater Freier

Zwar hat es schon manche gegeben, deren Herz durch die wunderlichste Hoffart wie besessen war, keiner aber erreichte darin einen Kater, einer einfachen Katze Kind, der noch hoffärtiger war als alle, die seit Beginn der Welt durch ihre Überhebung bekannt geworden. Da ging er eines Tages hin, wo er eine Füchsin fand, und sprach zu ihr wie einer, der es wissen muß: »Nun rate mir, Frau, was ich tun soll! Mir ist wohl bekannt, daß du weise bist und dich auf mancherlei feine Listen verstehst. Deshalb suche ich auch deinen Rat und will dir ansagen, wie es um mich beschaffen ist. Ich habe allein mehr Tugend im Leibe, wie alle übrigen Geschöpfe zusammengenommen, du wirst wohl schon davon gehört haben. Ich würde nie aufhören können, wollte ich dich wissen lassen, wie viele hohe Vorzüge ich besitze, ich bin weitaus das Edelste, was es auf Erden geben mag. So gern ich nun ein Weib nähme, die mir ebenbürtig wäre, wo auf der Welt möchte ich eine solche finden, so viel ich auch schon gesucht habe? Aber ich bin entschlossen, nicht davon abzulassen. Du hast einen scharfen Verstand: was nun das Edelste sei, das du irgend zu erkennen vermagst, das nenne mir, und ich will seine Tochter zur Frau nehmen, eh' ich ganz und gar unbeweibt bleibe.« Da entgegnete listig die Füchsin: »Was Edles ich immer gesehen habe, allem geht die Sonne vor. Sie schwebt so herrlich empor und ist so licht und glühend, daß ich nichts ihresgleichen sonst zu nennen vermag.« »Dann muß ich die Tochter der Sonne haben«, sprach der Kater, »die Sonne ist hoch und von lieblicher Gestalt und hat so majestätischen Schein, sie mag wohl wirklich recht edel sein. Aber nun sage mir mehr von ihr: Gibt es nicht ein Ding, das noch stärker ist als sie? Das möchte ich gerne wissen.« »Wahrhaftig, ja!« erwiderte die Füchsin, »der Nebel ist noch stärker als sie. Der ist so großer Kräfte voll, daß die Sonne gar nicht scheinen kann, wenn es dem Nebel nicht gefällt.« »Wenn dies sich so verhält«, sagte der Kater, »so will ich keine nehmen, als die Tochter des Nebels. Wenn dieser so große Kraft hat, daß er der Sonne widersteht, so gefällt seine Tochter mir besser. Nun aber sage, gibt es nicht etwas, das auch den Nebel besiegt und wovor er gedemütigt entweiche muß?« »O ja«, sprach die Füchsin sogleich, »du kennst doch den Wind? Der ist auch des Nebels Meister. Wäre des Nebels ein Land voll, wenn der Wind sich rührt, so verjagt und zerteilt er den Nebel so schnell, daß niemand weiß, wo er hingekommen ist.« »Das ist gut so«, antwortete der Kater, »so will ich meinen Sinn der Tochter des Windes zuwenden. Wie oder wo führe ich besser? Da ihm die Ehre vergönnt ist, so gewaltig einherzufahren, so steht mir seine Tochter immer noch besser an, als daß ich irgend etwas noch Törichteres begehe. Ist aber in der Natur nicht noch irgend ein Ding, das des Windes Gewalt durch die seinige bricht? Das sage mir bei der Liebe, die du für mich als deinen Freund empfindest!« »Ja«, sagte die Füchsin, »ich weiß hier nahe bei uns ein großes, altes, ödes Steinhaus, da hat der Wind schon manchen Saus und Stoß daran getan, und muß es doch stehen lassen, was er auch schon dran getobt und gestürmt hat. Denn es hat die Kraft, stehen zu bleiben.« Da erwiderte der Kater: »Bei meinem Leben, so will ich kein andres Weib haben, als des Steinhauses Tochter! Wo der kräftige Wind Tag und Nacht stürmt und dennoch nicht zu siegen vermag, des Hauses Kind will ich nehmen, keine andre ziemt mir so wohl. Es wäre denn, daß es etwas gäbe, wovon auch das Haus mit der Zeit schadhaft würde. Ist etwas dergleichen auf der Erde? darüber sprich mir noch!« »Ich kenne das Ding allerdings«, entgegnete die Füchsin, »das selbst das Haus besiegt, so daß es am Ende zu Falle kommen wird. Über der Erde und darunter gibt es Wunders viele Mäuse, die haben so viele Löcher durch und durchgebohrt, daß niemand das Erdreich davor bewahren kann, in sich zusammenzustürzen. Nicht lange wird es dauern, so wird man das Haus von den Mäusen sinken sehen.« »Da bin ich froh«, rief der Kater, »Niemand soll mein Weib werden als die Tochter der Mäuse. Ist aber auch diesen etwa ein Meister gegeben? Sprich!« »Ja«, sagte die Füchsin, »kennst Du denn die Katze nicht? die braucht nur zu erscheinen, so fliehen die Mäuse in großer Bedrängnis, und welche die Katze fängt, ist sogleich mausetot.«

Der Kater stand einige Zeit in Erstaunen da und erwiderte nichts. Dann aber besann er sich, erklärte rundweg, eine Katze zu heiraten, und schlich befriedigt nach Hause.

Sankt Martinsnacht

(Der Stricker)

Ein reicher Bauersmann hielt in der Sankt Martinsnacht mit Lärmen und Schallen ein Zechgelage in seinem Hause ab: er hatte trefflichen Wein im Keller, soff, was in ihn hineinging, und gab auch dem Gesinde, so viel es trinken mochte. Als sie nun so unmäßig gezecht hatten, daß ihnen die Zungen hunken, kam heimlich eine Schar Diebe daher und brach, sobald sie merkten, daß im Hause alles sinnlos betrunken war, ein Loch in den Rinderstall. Da befand sich einer unter ihnen, ein rechter Diebsgesell und zum Stehlen gut wie kein Zweiter, der kroch zuerst hinein. Aber in demselben Augenblicke kamen wütend zwei Hofhunde daher und bellten und knurrten in das Loch, so daß die übrigen Diebe sich schleunigst davonmachten. Als der Wirt den Lärm hörte, nahm er ein Licht, ging hinaus und entdeckte den Mann im Stalle. Diesem wurde es recht schwül zu Mut, als er sah, daß er nicht entrinnen konnte. Aber rasch warf er seine Kleider ab, so daß er spitternackend dastand, als der Wirt nun hereintrat, und machte mit der Rechten über den Wirt und seine Kinder und über jedes einzelne Rind ein Kreuz, zusammen wohl an die zwanzigmal. Dazu bewegte er die Lippen, als ob er einen Segen spräche, und murmelte so immer undeutlich vor sich hin. Als der Wirt dies wahrnahm, stand er verdutzt und schweigend und sah sich bloß an, was der nackte Mann da vollführte. Der winkte ihn mit dem Finger zu sich und begann, als der Bauer näher herangetreten war, mit hoher Stimme: »Siehst du, wie ich dein Gut gesegnet habe, auf daß es dir glücke und gedeihe? Sankt Martin bin ich und will dir den Wein vergelten, den du für mich getrunken hast. Denn dein Zechen ist so gewaltig, daß ich dich unbedingt darum belohnen muß. Höre: soeben waren Diebe hergekommen, die wollten dir deine Rinder und Gott weiß was noch stehlen. Da hab' ich mich hierher gemacht, um dein Gut und dich selbst zu behüten. Denn da ich nun meinen Segen darüber gesprochen, kann es dir niemand mehr stehlen. Nun lösch dein Licht, guter Mann, und gehe ruhig hin und vergnüge dich! Ich will jetzt wieder fahren, von wannen ich gekommen bin, und werde dich immer beschützen.« Da weinte der Wirt vor Rührung und sagte: »Wohl mir armem Sünder, daß mich Sankt Martin selbst heimgesucht hat und gnädig geruhte, seinen Segen über mich und das meine zu sprechen!« Er neigte sich tief, verlöschte sein Licht und ging fröhlich wieder hinein: »Denkt euch«, rief er, »bin ich nicht ein seliger Mann? Ich habe Sankt Martin mit Augen gesehen und er hat mir persönlich gedankt, weil ich so reichlich zu seiner Ehre gesoffen habe und mich und meinen Besitz gesegnet, daß mir kein Mensch mehr etwas antun kann. Trinkt, meine Lieben, trinkt heut nacht von meinem Wein um Sankt Martins willen! Wollten die Hühner zechen, sie sollten uns auch Gesellschaft leisten!« »Lauf!« rief er dem Knechte zu, »und schenk ein, was Platz hat! Ha, wer die Heiligen ehrt, der ist wohl bewahrt! Laßt uns so viel saufen, daß Sankt Martin davon immer herrlicher werde; ich laß' was draufgehen, er soll mich keinen Knicker schimpfen, der hehre Himmelsmann! Seit ich weiß, daß er Wein haben will, soll mir kein Tropfen mehr davon im Hause bleiben und alles verzecht und vertrunken sein!« Dann schrie er seinem Weibe zu: »Geh, wenn dir dein Leben lieb ist, und trag' einen alten Käse her!« »Den wollen wir essen«, wandte er sich zu den übrigen, »da schmeckt das Trinken um so besser hinterher!« Die Frau lief, was sie konnte, und brachte den Käse, wie ihr geheißen war. Was da nun gezecht wurde, das läßt sich nicht messen noch zählen. Sie tranken sich um des Bauern, der Bäuerin, der ganzen Gesellschaft Heil und schrumpften zusammen wie die Bratäpfel. »Trinkt feste, liebe Kinder,« rief der Bauer, »was da bisher Trinkens geschehen ist, das ist ja alles nicht mehr denn ein Wind! Man soll hier solche Trünke sehen, daß das Haus davon erbebt! Dein Wohl, Herr Sankt Martin! Wo gibt es noch einen deinesgleichen im ganzen Himmelreich? Ich sage, vor dir müssen sie alle bleich und blaß werden, wenn du einmal auftrittst! Ist noch eine Nacht wie diese Sankt Martinsnacht? Ich schätz' es nicht das Schwarze unterm Nagel, wenn heut mein ganzer Wein versoffen wird!« So tranken sie dem guten Sankt Martin zu Liebe und zum Gedächtnis, bis sie gänzlich von Sinnen waren, und nicht mehr wußten, wo sie standen und lagen. Der Dieb hatte unterdessen seine Freude dran und trieb die ganze Nacht Ochsen und Kühe aus dem Stall, bis er nichts mehr zu treiben fand.

Als der Wirt des Morgens früh von seiner Betrunkenheit aufstand und nach dem Stalle ging, da war dieser leer und kein einziges Rind darin. Da kam er mit böser Nachricht zurück: »Ich glaube, Sankt Martin hat uns alle die Rinder weggenommen,« sagte er zu dem

Gesinde, »ich verstehe gar nicht, wo sie hingekommen sind?« Das war ein trauriger Morgen nach so fröhlicher Nacht: er begann laut zu weinen und alle seine Kinder taten desgleichen und standen heulend um ihn herum. Seine Frau aber nannte ihn selbst ein Rind, daß er so vor den Kopf geschlagen gewesen und geglaubt habe, Sankt Martin in Person zu sehen. So hatte er nun nichts als den Schaden und die Schande davon, doch hätte er die Schande leicht getragen, hätt' einer ihm nur den Schaden geschenkt.

Wie der Trunkenbold ein Einsiedel wurde

Es lebte einmal ein rechter Lottergesell, der war wegen seiner Unmäßigkeit im Trinken, Essen und Lieben weit und breit bekannt und sah sich zuletzt in der übelsten Lage: denn er hatte mit der Zeit alle Mittel vergeudet, die Gott ihm je beschert. Als es so weit gekommen war, daß all seine Freude ein Ende nehmen sollte, begann ihn Gut und Ehre, die er beide verloren, heftig zu reuen und er dachte in seinem Mute: »Nun habe ich nichts mehr und Freunde und Verwandte fangen schon an, mich träge zu grüßen. Ehe ich so lästerlich weiterlebe, ist es mir besser, daß ich die Welt aufgebe, die mich verleitet hat.« Und wirklich: eines Abends, als es schon spät und er schwer betrunken war, schwur er vor allen seinen Freunden einen großen Eid, er wollte Hoffart und Übermut fahren lassen und künftig tun, wie ein Mann tut, der dem Teufel entfliehen will: schon morgen werde er sich in einen Wald zurückziehen, der sich nahe bei der Stadt befand. »Wer in mein Gebet eingeschlossen sein will«, sprach er weinend zu ihnen, »der komme morgen früh hierher, denn ich will Abschied nehmen.« »Nu, wartet noch ein wenig, Gevatter«, sagten sie, »Eure Sache ist die Nacht lang gut aufgehoben. Ihr seid Weines voll, darum eilt Euch nicht, legt und schlaft Euch aus, dann können wir morgen noch einmal darüber reden.« Das gefiel ihm aber keineswegs, zornig begann er zu schwören, länger solle der Teufel ihm nicht zusetzen und er wolle sich zu Gott bekehren. Die Nacht schien ihm ungemein lang, vor Gedanken vermochte er nicht einzuschlafen und rief bis zum Morgen weinend zu Gott. Denn seine Reue war noch neu und hielt ihn wach, bis ihn die Sonne beschien.

Als nun seine Freunde kamen, um zu sehen, ob er sich indessen nicht anders bedacht hätte, waren sie überzeugt, daß Gott hier ein Wunder wirken wolle: denn er erklärte ohne Zögern: »Ich will für immer ein Büßer werden.« Da baten sie den Pfaffen, er möge ihm, damit der heilige Geist vollkommen sei und es ihm um so besser gelinge, eine Messe singen. Der Pfaffe sang und sprach einen großen Segen über den bekehrten Mann. Dann gingen die Freunde alle mit ihm, um zu sehen, wo er bliebe, damit sie ihn finden könnten, wenn es sie einmal zu ihm treibe. So gingen sie in den Wald, etwa eine Meile weit mit.

Da sprach er: »Hier will ich bleiben und nichts soll mich von da verjagen als der gewaltige Tod. Einmal in der Woche bitt' ich Euch, mir Brot zu senden. Solche Gnade sollt Ihr durch mich erfahren, daß Ihr mir's sicherlich gerne geben werdet.« Damit schieden die Freunde von dannen. Er legte sich nieder und seine fromme Reue war so groß, daß er nicht einmal mehr weinen mochte. Auch wachen wollte er nicht länger, er hatte Augenschmerzen. Als er sich ausgeschlafen hatte, macht er es, wie die Weisen tun, er lobte Gott mit vielen Worten, daß es ihm noch beizeiten gelungen wäre, den Banden des Teufels zu entrinnen. So lebte er zwanzig Wochen lang, ohne eine Änderung zu ersehnen, denn das Fleisch, das er mitgenommen, hielt noch vor und ließ ihn bei Kräften. Als aber das Fleisch zu Ende war, wurde ihm so schwach, daß er zu zweifeln begann. Er fing an, auf Wein zu denken und fühlte, daß er wankend wurde. »Ich Esel«, dachte er, »wie fang' ich's an? Zurückkehren kann ich nicht: denn ich bin nur so lange etwas wert, als ich hier bin, in der Stadt würde kein Mensch mehr nach mir fragen. Gäb's hier Wein, ich könnte prächtig hier leben.« So dachte er hin und her. Man brachte ihm Bohnen, Erbsen und Brot für den Hunger. Aber das erfreute ihn nicht, er hätte um alles in der Welt gern Wein getrunken.

Da, zwölf Tage darnach, kam ein Weib zu ihm, um sich von ihm wahrsagen zu lassen, und wollte ihm Pfennige geben. »Nein«, sagte er, »so hätte ich kein rechtes Leben. Es steht geschrieben, Gott lasse sich auch nicht dafür bezahlen, wenn er einem Menschen beistände. Wenn du aber darüber schweigen willst, was ich jetzt zu dir sprechen werde, so will ich dir gerne wahrsagen.« »Ja, Herr, gerne«, erwiderte das Weib, »dein reiner Leib und deine Seele sind für das ewige Heil geschaffen.« »So gehe nach Hause«, sprach er, »und bringe mir einen Kopf voll von deinem Wein, den will ich so lange segnen, bis er wohl gesegnet ist, daß ich darin erblicken mag, was dir in Zukunft an Seel' und Leib widerfahren soll.« So machte er, daß das Weib nach Hause ging, einen großen Kopf nahm und ihn voll guten Weines kaufte, indem sie weder Geld noch Mühe schonte. Des andern Morgens ging sie wieder hinaus, wo sie den Einsiedel fand, und wurde gar freundlich von ihm empfangen, noch freundlicher aber der arme Knecht, der den Kopf trug. »Schwester«, sprach er, »es ist billig, daß ich dir diesen Gang lohne, der beides, sowohl lang als auch kurz ist: lang durch die Mühe, die du mit Gehen hattest, kurz durch die Seligkeit, die du damit erwirbst. Deine Sünden sind ausgelöscht, Gott hat sie dir nun meinetwillen vergeben.« Dann ließ er sie beichten und gewährte ihr feierlich den Ablaß. Den Wein setzte er vor sich und machte mit der Hand und dem Munde eine lange Weile, als ob er einen Segen spräche und inbrünstig zu Gott bete. Dann guckte er in den Wein und rief: »Schwester, dir wird viel Glück und auch Ehre widerfahren, Gott will ein groß Teil seiner Gnade an dich wenden, so daß dir in kurzem mehr Heil geschehen wird, als je einem Weibe in deiner Verwandtschaft. Bald wirst du es erfahren, nun aber gesegne dich Gott. Geh von hinnen in Frieden! Ich muß an mein Gebet gehen, ich darf es nicht länger versäumen.«

Kaum war das Weib mit vielem Danke davongegangen, nahm er den Kopf, setzte ihn gierig an den Mund und trank ihn in einem Zuge leer bis auf den Grund. »Herr Gott«, sprach er, »weshalb sollten denn die verloren sein, die gerne guten Wein trinken? Man dient dir doch damit und du weißt wohl, daß ich ohne ihn nicht länger hier bliebe. Wenn du aber willst, daß ich dir weiter diene, so sende mir so viel davon, daß ich mich dran erlaben mag und nicht gezwungen werde, wie ein Ehrloser diese Stätte zu verlassen.«

Das Weib war indessen überaus glücklich, einen so guten Gang zu dem frommen Manne getan zu haben. Sie ging zu einer Nachbarin, mit der sie seit langem vertraut war, und sagte: »Wüßtest du, was ich an diesem Tage erfahren habe, du gäbest zehn Pfund darum. So gutes hast du noch nie vernommen.« »Was«, erwiderte die andere, »seit wann ist es Sitte bei uns, daß die eine etwas weiß und die andere erfährt es nicht?« »So gelobe mir«, entgegnete sie, »daß du schweigen und es niemand weitererzählen willst.« Das tat jene mit einem Handschlag. »Ich kann dir das Glück nimmer sagen«, fuhr diese fort, »was Gnade du bei dem allerheiligsten Manne finden magst, von dem ich je vernahm. Der Einsiedel in dem Walde, zu dem sollst du bald hingehen mit einem Kopf voll Wein, denn andres nimmt er nicht an, den segnet er und sieht darin, was dir im Leben und im Tode widerfahren wird.« Da war es der andern eilig, sie lief wie eine Besessene, um noch vor Nacht zu dem Einsiedel zu kommen, und traf auch richtig noch beizeiten dort ein. Da hörte sie mehr von Gnade, die sie dort finden sollte, als je ein Weib empfangen; und wenn sie nach Rom pilgerte, sagte er, möchte es ihr nicht besser ergehen. Darnach segnete er den Wein und prophezeite ihr manches künftige Heil. Des wurde sie froh und so übermütig, daß sie glaubte, Gott würde fürderhin nur noch tun, was sie ihn heiße. Glücklich eilte sie nach Hause und sagte ihrer Gevatterin Dank. Was aber den beiden so gut gelungen war, das wußten bald alle Weiber in der Gegend. Da begann eine große Pilgerschaft und alle wollten den Propheten sehen, der immer mehr des Weins bekam und trank. Schließlich gingen auch die Männer mit den Weibern hin und trieben dies so lange, bis ihnen die Mühe zu viel ward. Denn da sich kein Haarbreit von dem versprochenen Heile sehen ließ, wurden sie des Pilgerns überdrüssig und die Betfahrt verlief sich in alle Winde. Da saß er nun wieder ohne Wein. »Oh weh«, dachte er, »wo nehm' ich Wein her? Daß man mich jetzt so selten aufsucht, ich weiß wohl, woher das kommt: Ich hause zu ferne hier draußen. Aber eh mich das um mein Behagen bringt, rücke ich lieber ein weniges näher zu ihnen.«

Er machte sich auf und ging eine halbe Meile in dem Walde vorwärts. Dort ließ er sich nieder und dachte: »Geht's auch hier nicht, so rücke ich noch ein Stücklein näher.« Als seine Freunde ihm Brot brachten, fragten sie ihn, durch welche Not er von dort vertrieben worden sei? »Da kamen sie nicht, die ich zu Gott bekehren und rechtes Leben lehren soll«, erwiderte er, »darum will ich ihnen den Gang kürzen. Denn es ist ein großer Gewinn für Gott, wenn ich den Leuten näher bin. Gäb' es dreiunddreißig meiner Art, wir wären dort nicht so nütze, als ich allein hier, wo man meine Lehre vernimmt.«

Aber es kam immer noch kein Wein. »Es ist umsonst«, dachte er, »ich muß hinaus aufs Feld, was immer die Leute dazu sagen, denn ich muß Wein haben. Bin ich denn ein Mörder oder Räuber, daß ich hier draußen hausen sollte? Die unter den Leuten wohnen und behaglich ihres Weins genießen, wollen die vielleicht *nicht* die ewige Seligkeit erwerben? Aber sie machen es eben klüger als ich. Nun, ich denke, der Gott, der sie annimmt, wird auch mich annehmen! Dies hier ist ja ein Platz für Wölfe, Menschen sollen wohnen, wo es Leute gibt und guten Wein.«

Damit machte er sich auf und begab sich aus dem Walde. Dort begann er aufs Neue sein Wesen zu treiben, aber die Leute wollten nichts von ihm wissen, da er aus dem Walde gegangen war, und gaben ihm nichts. Da kehrte er kurz entschlossen in die Stadt zurück und sah, wo ein Bissen für ihm abfiel. Wenn er in der Taberne inmitten von trunkenen Männern saß, erhub er sich plötzlich, ging hin und begann gewaltig zu predigen, daß die Saufbolde allsamt über ihre Sünden weinten, sich an die Brust schlugen und ihm alle wie ein Mann ihre Becher hinhielten: »Trink aus, lieber Meister«, riefen sie, »und wär' es bessres denn Wein, Ihr solltet es auch haben. Diese edle Taberne ist voll Eurer süßen Lehre und des edlen Weins.« So priesen sie ihn und gaben ihm zu saufen, bis er schlafend unter eine Bank fiel. Er verkam immermehr und diente zuletzt den Kindern in den Gassen zum Spott. Aber der Trunkene predigte und zechte weiter. »Sie sollen mich halten«, dachte er, »wofür sie wollen«, und hub das gefüllte Glas an den Mund.

Der geäffte Pfaffe

Ein Mann, der von seinem Eheweib weidlich betrogen wurde, besaß einen braven Knecht: der bemerkte eines Tages, daß die Frau mit dem Pfarrer im Einverständnis war und die beiden sich heimlich trafen. Das bereitete dem Knechte Kummer, doch verhehlte er es seinem Herrn, denn er fürchtete, dieser würde ihm's übel aufnehmen, so lange er es nicht selbst mit Augen gesehen habe. Der Wirt pflegte oft auf den Acker oder ins Holz zu fahren. Sobald aber die Frau, die hübsch und wohlgewachsen war, sah, daß sie den Hof geräumt hatten, beeilte sie sich, kaufte Met und Wein ein und briet und sott, was es Gutes im Hause gab. Dann ließ sie dem Pfaffen sagen, der Wirt sei nicht zu Hause: da kam er leise wie ein Dieb geschlichen und sie aßen und tranken zusammen, legten sich ins Bett und ergötzten sich nach Herzenslust. Meist war es noch Nacht, so pflegte die Frau ihren Mann schon aus dem Schlafe zu wecken, und hieß ihn, beizeiten ins Holz fahren. »Denn«, sagte sie, »sparst du die Fahrt auf, bis die Nacht verwichen ist, so wird es zu spät. Die Tage sind kurz, der Wald ferne und die Ochsen träg. Drum spute dich, so lang es noch Zeit ist.« »Gut«, dachte der Knecht, »treibt es nur so fort! Aber ich will die Wahrheit ans Licht kommen lassen, daß Ihr mir's noch bereuen sollt.« Des Morgens, als sie sich ans Feuer setzten und ihre Kleider anzogen, erklärte der Knecht, er ginge heut nicht vor die Tür, ehe man ihm nicht zu essen gegeben. Die Frau wurde ärgerlich darüber, brachte aber, als sie sah, daß er Ernst machte, einen Käse und ein Brot und sprach: »Daß du dir den Tod daran fressen möchtest! Ich weiß, du tust es nicht aus Hunger, sondern aus Bosheit, die du immer bereit hast, wenn es was zu versäumen gilt!« Sie aßen, was ihnen schmeckte, und fuhren von dannen. Als sie aber ein Stück Weges gefahren waren, sagte der Knecht: »Meister, nehmet die Peitsche und fahrt ein Weilchen hindann. Ich muß umkehren, denn ich habe meine Fäustlinge und meinen Hut zu Hause vergessen.« Der Meister war unmutig: »Nu lauf mir aber«, sagte er ärgerlich und fuhr weiter, dem Walde zu. Der Knecht aber, froh der gelungenen List, stahl sich wie ein Dieb ins Haus zurück und verbarg sich bei einer Kammer, wo man ihn weder sehen noch hören konnte. Die Frau war indessen vergnügt und bereitete, wie sie es immer zu tun pflegte, vielerlei gute Speisen: sie füllte und briet ein Spanferkel, holte beim Kaufmann eine Kanne guten Mets und buk einen schneeweißen Brotkuchen dazu. Dann sandte sie, wie stets, heimlich nach ihrem Pfaffen, noch ehe sie mit allem fertig war, denn sie konnte es gar nicht erwarten, und setzte sich mit ihm zu Tische. Kaum aber hatten sie zu essen angefangen, so kam der Wirt wieder heim und stieß grimmig an das Tor. Denn dies schien ihm eine neue Geschichte, daß der Knecht zu Hause blieb und der Meister die Rinder selber treiben solle. Als man drinnen den Stoß und die zornige Stimme des Wirtes vernahm, erschrak der Pfaffe heftig: »Hilf, sonst geht es mir ans Leben!« sprach er, »ich würde ein rechter Affe, erwischte er mich hier! Hörst du, welch einen Zorn der Mann hat? Ich glaube, mein Stündlein ist da!« Da hieß sie ihn, sich schnell unter eine Bank in einen Winkel verbergen und räumte die Speisen rasch beiseite; der versteckte Knecht sah aber ganz genau, wohin sie alles tat. Da nun den Wirt niemand einließ, stieß er wieder noch grimmiger gegen das Tor und begann, auf das Weib zu schelten. »Wo brennt's denn?« rief diese und lief an die Tür. »Ich kann doch nicht alles fortwerfen, wenn ich just was in Händen habe! Was kommt Ihr denn so früh wieder daher und lärmt mir vorm Tor?« In diesem Augenblicke war aber auch schon der Knecht herumgekommen und schritt durch das Tor hinein, wo die beiden standen. »Welcher Teufel hält dich heute hin, daß du nicht wiederkommst?« schrie der Wirt ihn an. Da machte er eine Märe und sagte, er sei die ganze Zeit lang keinen Augenblick müßig gewesen. Der Meister, der ihn als einen ordentlichen Gesellen kannte, wollte nun nicht länger zürnen und ließ es ihm hingehen. »So fahrt doch endlich!« sprach das Weib »und schont mir die Rinder nicht! Sonst könnt Ihr im Sommer, wenn Ihr pflügen solltet, die schöne Zeit mit Holzfahren vergeuden! Sputet Euch, bis zwei Fuder geholt sind, ist es, weiß Gott, schon finstre Nacht!« »Vorwärts, vorwärts«, rief sie und half selbst den Wagen abladen. Aber der Knecht sagte: »Es ist wahrhaftig noch so früh, zwei Fuder hol' ich Euch mit Leichtigkeit. Seid so gut, Herr Meister, und laßt uns erst noch ein wenig essen, denn mich hungert, daß ich Steine zerbeißen möchte. Nachher könnt Ihr von mir haben, was Ihr wollt, so aber würd' ich Euch wenig Freude machen.« »Es sei«, entgegnete der Meister. »Meiner Treu, laß' uns essen! Zwar mich hungert wenig, aber hol' mich der Teufel, wenn ich nicht mitesse, eh du mir am Hunger verdirbst.« Sie traten hinein, das ging dem Weib heftig an Leber und Nieren. Als sie sich die Hände gewaschen, trug sie Brot und Käse auf und deckte den Tisch mit einem Tuch. »Langt zu!« sagte sie, heimlich aber tat sie manchen Fluch und hätte sie lieber ein Schock Meilen fern von hier gesehen. »Die Frau tut ja heute«, sagte der Wirt zu dem Knecht, »als ob sie dich mehr fürchte wie mich. Hätt' ich auf solche Weise zu essen verlangt, wie du es getan hast, ich wäre nicht so gut dabei gefahren.« »Meiner Treu!« erwiderte der Knecht, »das darf ich wohl sagen, bei wem immer ich noch gedient habe, der hat es nicht zu bereuen gehabt. Außer einmal. Soll ich Euch das erzählen? Also das war zu einer Zeit, da der Wald gerade im schönsten Laube steht. Da drang eines Tages der Wolf in meines Meisters Schweinestall. Die Schuld war nicht bloß mein, denn ich bemerkte ihn leider nicht, bis das Unheil geschehen war: denn, denkt Euch, das Vieh nahm sich ein junges Schwein aus dem Stall, gerade wie das Ferklein, das dort gebraten liegt, weiß Gott, welches von den beiden größer war.« »Deine Geschichte fängt gut an«, sagte der Meister, ging fröhlich hin, wo er das Ferkel liegen sah, und brachte es herbei. Aber der Knecht fuhr fort: »Als der Wolf zu den Schweinen gedrungen war und ich ihr Schreien vernahm, kam ich sogleich herangelaufen. Da lagen allerlei breite Steine auf dem Boden, von denen hub ich rasch einen auf, nicht größer noch kleiner als der Brotkuchen, der dort steht. Gott weiß, wer sie gemessen hat, aber sie sind sich gleich wie ein Ei dem andern.« »Gott segne dich!« rief der Meister, »deine Geschichte ist wahrlich, wie eine Geschichte sein soll.« Als der Meister den Brotkuchen herabgeholt hatte, sagte der schlaue Gesell: »Da ich also den Stein aufhub und ehe der Wolf mir entrinnen konnte, warf ich und traf die Bestie so heftig an den Kopf, daß sie schier betäubt wurde und so reichlich aus einer tiefen Wunde blute- te, als, ich will kein gutes Leben haben, wenn es nicht wahr ist, als dort Met in der Kanne ist, die Ihr da hinten stehen seht.« »Teufel, dergleichen Geschichten möchte ich immer hören«, rief der Wirt und brachte die Kanne herbei. »Nun vernehmt aber weiter, Meis- ter«, sagte der Knecht. »Als ich ihn also getroffen hatte und der Lebenssaft ihm nur so aus der Wunde quoll, wäre er gern entflohen, doch trug es ihn nicht mehr weit. Ich zog ihm natürlich nach und sah, wie er sich in einen Verhau verkroch, wo allerlei Stämme und Äste in Menge zusammengeschlagen waren. Darunter legte er sich nieder und glotzte heraus, genau wie der Pfaffe, der dort unter der Bank liegt und dem es auch nicht gelingen will, sich's behaglich sein zu lassen.« Da sprang der Meister zornig auf und zerrte den Pfaffen am Haare hervor. »Jetzt hat deine Mär wohl ein Ende!« rief er. »Ach, nun weiß ich nur zu gut, weshalb mich die Frau immer aus dem Bette jagt, bevor es Tag geworden.« Der Pfaffe ward gebunden und mußte dem Wirt eine große Menge Geldes versprechen, um wenigstens mit dem Leben davonzukommen. Auch das Weib bekam seine Schläge, und er wurde ihr nie wieder hold wie vordem, so sehr sie sich auch um ihn bemühte. Den Knecht aber behielt er zeit seines Lebens von Herzen lieb.

Die Hasen

(Der Vriolsheimer)

Ein Ritter ritt eines Tages kurzweilhalber zur Jagd und erlegte, da er ein trefflicher Schütze war, zwei Hasen: vergnügt eilte er mit der Beute nach Hause und befahl, sie ihm wohl zuzubereiten. Da sprach seine Hausfrau: »Man sollte unsere Gevattern dazu laden, es wäre schade, wenn wir sie alleine äßen. Gastlichkeit vermehrt die Freundschaft«. »Gut«, entgegnete der Mann, »ich will unsern Gevatter, den Pfarrer, dazu bitten, der hat mich oft genug eingeladen, bei ihm zu essen, so kann ich ihm's erwidern. Nun herbei mit Lamm, Schaf, Gans, Kitze, Huhn und Ente – es soll eine fürstliche Mahlzeit werden!«

Als nun der Tag der Gasterei herangekommen war – es war ein Sonntag und der Mann noch in der Kirche – bat die Frau aus reinem Übermut auch noch ihre Nichten, Muhmen und Basen zu sich und sprach: »Meine Lieben, nun essen wir den einen Hasen auf, mein Mann hat an dem andern genug, er und der Dechant verstehen es ohnedies so gut, dergleichen Wildbret zu jagen, so mögen sie es eben tun.« Als nun der eine Hase aufgegessen war, ließ sie auch den andern auftragen. »Und wenn ich Prügel bekäme«, sagte sie, »er kriegt von den Hasen keine Pfote zu sehen. Was geschieht, soll geschehen, Frauenscherz geht vor Männerzorn.«

Indessen kam der Mann mit dem Pfarrer vor das Tor geritten. Als sie ins Haus gekommen waren, fragte der Wirt, ob das Essen bereit wäre? »Ei«, begann sie zu zanken, »nun gibt es gleich Lärm, weil Euch hungert. Aber früh morgens laßt Ihr Magd und Knecht in den Tag hinein schlafen. Es ist noch nicht so weit, faßt Euch in Geduld und wartet, bis ich fertig bin.« Nun wurde der Pfarrer an die Seite der Hausfrau gesetzt und der Wirt rief, man möge ihm zu trinken schaffen. Denn er war zornig, weil die Mahlzeit nicht gerichtet war. Ungeduldig wie einer, der schon gerne essen möchte, ging er hinaus, zog einen Wetzstein hervor und begann das Messer daran zu wetzen. Als der Pfarrer dies sah, fragte er die Hausfrau: »Liebe Frau Gevatterin, sagt mir um Gottes Liebe willen, warum ist Euer Mann so unmutig?« »So wißt Ihr nicht, weshalb er so grimmig tut?« entgegnete sie. »Wahrhaftig, ich ahne es nicht«, sagte der Pfarrer. »Man hat Euch und mich geziehen«, flüsterte sie, »getan zu haben, was man besser unterlassen sollte. Er hat geschworen, Euch die beiden Ohren abzuschneiden.« »Hm«, sprach der Pfarrer, »mir ist ein klein wenig heiß!« und zog sich gegen die Tür. Denn er fürchtete, es könne ihm hier wie so manchem Pfaffen ergehen, der verhohlen Minne getrieben. Ohne erst noch seinen Knecht zu rufen, bestieg er sein Pferd und trabte eilends von hinnen. Inzwischen brachte ein Kammerdiener ein blühend weißes Tischlaken und ein Becken zum Händewaschen. »Wo ist mein Gevatter, der Pfarrer, hingekommen? fragte der Wirt, als er wieder hereinkam. »Denke dir«, sagte die Frau, »er hat die beiden Hasen genommen und ist damit auf und davongeeilten.« »Wetter!« sprach der Wirt, »das ist mir eine seltsame Handlungsweise.« Sein Pferd war auch bereit, da rief er: »Er muß mir die Tiere hier lassen, weiß Gott! Man nähme mich ja für einen Affen, ließ' ich ihm das angehen.« Rasch sprengte er dem Pfarrer nach. Schon, als er ihn von ferne erblickte, schrie er laut hinter ihm her: »Weiß Gott, Ihr müßt sie mir beide lassen!« Der Pfarrer fürchtete für seine Ohren und rief: »Beim Himmel, ich habe keine Schuld daran. Ich glaubte, Ihr wäret mein Freund, aber Ihr seid es nicht, das sehe ich nun wohl!« »Ei, so müßt Ihr mir wenigstens eines lassen«, meinte der Ritter. »Nein, keines«, erwiderte der Pfarrer, »so lange ich es verhindern kann«, und entrann, da zum Glücke die Kirche in der Nähe war, in seinen Freithof, wo er sich fest einschloß. Als der Ritter sah, daß er ihn doch nicht fassen konnte, ließ er seinen Zorn fahren, ritt heim und aß sich satt von dem, was es sonst noch im Hause gab. Sobald sein Unmut nun gänzlich verraucht war, verriet ihm die Frau, wie alles zugegangen. »Wohl getan, Frau«, sprach er und lachte, »nichts ist so gut als zuweilen ein Scherz, den man fröhlichen Herzens begeht.«

Die drei Mönche von Kolmar

(Niemand)

Zu Kolmar lebte einmal ein reicher Mann, der besaß eine ebenso schöne als tugendhafte Frau von kaum zwanzig Jahren, die ihrem Gatten treu und Gott von Herzen ergeben war. Als sie nun einmal vor Ostern ins Kloster der Prediger beichten gehen wollte, zog sie sich an und machte sich auf den Weg. Als der Beichtiger sie erblickte, grüßte er sie auffallend freundlich, worauf sie ihm fromm und schüchtern dankte. Sie aber gefiel ihm gar zu wohl in all ihrer Tugend und Lieblichkeit. Kaum war die Beichte beendet, so bat er sie, ihn zur Buße nachts zu sich einzulassen, so wolle er ihr vergeben. Sie erschrak ob solcher Rede heftig: »Gott«, dachte sie betrübt, »wie komm' ich los von diesem Mann?« »Lieber Herr«, sagte sie, »ich weiß nicht, ob es angeht. Ich will versuchen, wie es sich zu Hause fügt, und laß' Euch dann Nachricht zukommen.« Der Mönch freute sich dieser Antwort, sie aber ging, voll Gram über das Gebaren ihres Beichtigers, von dannen.

»Wie soll ich nun zu meiner Beichte kommen«, überlegte sie und entschloß sich, in das Kloster der Barfüßer zu gehen, die sie gleichfalls als fleißige Beter im Dienste des Herrn kannte. Kaum aber hatte sie ihre Beichte gesprochen, so tat der Barfüßer genau, wie der Prediger getan, und legte ihr zur Buße auf, ihm zu Willen zu sein. Rasch sagte sie ihm dasselbe, was sie auch jenem erwidert hatte, und flüchtete eilig von dannen. »Meine Beichte!« sprach sie bei sich selbst, »wo soll ich nun meine Beichte anbringen?« Traurig ging sie in das Kloster der Augustiner, aber diese schienen nicht um ein Haar besser zu sein als die Prediger und Barfüßer: denn auch hier widerfuhr ihr das gleiche, so daß sie ihre Antwort nun auch zum dritten Male vorbringen mußte und recht wie gehetzt nach Hause floh.

Dort angelangt, legte sie ihren Mantel ab und weinte in heftigem Widerstreite mit sich selbst: denn die Mönche wollten sie mit falscher Rede verführen, sie aber mochte keinen andern Mann als den ihren. Da kam eben dieser selbst hereingegangen und fragte, als er sie in Tränen fand, was ihr denn fehle? »Liebe«, sprach er, »was hat dich so sehr betrübt, so hab' ich dich nie noch weinen sehen.« Sie wollte die Tränen vor ihm verbergen und leugnete, daß sie geweint habe. »Was ich gesehen, das hab' ich gesehen«, entgegnete er, »das wird mir niemand ausreden.« Da wollte sie ihm es denn nicht länger verschweigen, erzählte ihm von dem Ansinnen der Mönche und wie sie ihnen zum Scheine geantwortet, sie werde es versuchen, so daß die Drei nun auf Bescheid warteten. »Das wollen wir gleich haben«, sprach der Mann, »höre, was ich dir jetzt sage: Sende schnell einen Boten und laß den einen zur Stunde der Weinglocke, wenn des Abends die Wirtshäuser geschlossen werden, den Zweiten um Mitternacht, den Dritten zur Mette hierher entbieten, und sage, ich sei des Morgens fortgeritten.«

Als die Frau dies vernahm, tat sie sogleich, wie ihr geheißen war, sandte zu den Dreien und bestellte sie für die Nacht zu sich. Die Mönche waren höchst vergnügt über die Nachricht und warteten unruhig, daß es Abend würde.

Als nun der Tag zur Neige gegangen war, ließen der Wirt und seine Frau einen großen Zuber voll Wassers hereinbringen, machten dieses siedend heiß und stellten das wallende Gefäß in die Nähe einer Wand. Bald vernahm man auch schon die Tritte des ersten Mönchs, da spitzten sie die Ohren: der Wirt ergriff rasch einen Kolben und stellte sich damit hinter die Zimmerwand. Als nun der Mönch ins Haus gekommen war, klopfte er leise am Türlein. »Wer da?« fragte die Frau. »Ich bin's, der Bruder Tetia«, entgegnete der draußen. Sie ließ ihn ein: »Liebe Frau«, sprach er, »nun werd' ich seliger sein als je ein Mann auf Erden.« In diesem Augenblicke schlug der Mann den Kolben um die Wand, als ob er irrsinnig geworden wäre. »O weh, Herr!« rief die Frau (denn so hatten sie es vorher verabredet), »da kommt mein Mann, steigt geschwind in den Zuber! Ich will indessen schlafen gehen, so wird er auch bald müde sein und mir nachfolgen.« Inzwischen tobte der Mann draußen weiter, daß das Haus erbebte, der Mönch konnte gar nicht schnell genug in den Zuber springen und verbrannte darin ganz und gar.

Da nahmen sie den triefenden Leichnam und lehnten ihn an die Wand. In kurzem läutete es Mitternacht, da gingen sie hin und paßten auf, wann der Zweite käme. Bald hörte die Frau es an dem Türlein klopfen, und fragte: »Wer ist draußen? Seid Ihr's, lieber Herr?« »Ich bin's«, entgegnete der Mönch und wurde sogleich eingelassen. Da aber schlug der Mann zum zweiten Male den Kolben um die

Wand, daß es polterte und dröhnte. Der Mönch eilte, was er konnte, in den Zuber zu kommen, und war im selben Augenblicke gleichfalls verbrannt.

Als dies geschehen war und man zur Mette läutete, kam nun auch der dritte Mönch gelaufen: die Frau ging selbst ans Tor und öffnete ihm. Es war gleichsam nur ein einziger Augenblick, daß er hereinkam, der Kolben dröhnte und der Flüchtende in den Zuber fiel. Das Wasser brodelte noch tüchtig und verbrannte auch ihn mit Haut und Haar. Als dies getan und alle drei verbrannt waren, nahm der Wirt den einen beim Schopf und zog ihn bis vor die Tür des Hauses. Da kam eben ein fahrender Schüler vorüber und war heftig betrunken. »Sag!« sprach der Wirt, »willst du dir vier Pfennige verdienen?« »Ja«, entgegnete der Schüler, »was soll ich tun?« »Da, nimm den Mönch und trag' ihn in den Rhein«, sagte der Wirt. Da packte der Schüler den Leichnam, schleppte ihn an den Rhein und warf ihn ins Wasser. Unterdessen trug der Wirt den zweiten Mönch heraus und legte ihn vor die Tür. Als nun der Schüler zurückkam, um sich seine Pfennige zu holen, fuhr der Wirt ihn an: »Was? Ist der Mönch noch immer da?« rief er und zeigte auf den Leichnam, den er soeben herausgebracht. »Daß dich das Mäusle beiß'!« schrie der Schüler, packte den Zweiten beim Haar und trug ihn hin. Kaum war er fort, so setzte der Wirt den Dritten vor die Tür. Als der Schüler nun um sein Geld dahergelaufen kam, stellte er sich erschrecklich zornig und rief: »Bist du schon wieder da? Siehst du nicht, daß er immer noch dort an der Wand lehnt?« »Ich hab' ihn doch soeben in den Rhein geworfen«, begann jener laut zu klagen, »der Teufel hole ihn, er liegt doch im Wasser, wo's am tiefsten ist!« »So guck doch hin, ob er nicht noch da sitzt!« entgegnete der Wirt. »Daß Gott dich verdamme!« schrie der Schüler den Toten an, »bist du mir schon wieder hierher zurückgelaufen?«, packte ihn wütend und schleppte ihn fort. Dann eilte er zurück, um endlich seine Pfennige zu bekommen. Da begegnete ihm unterwegs an einer Straße ein Bruder, der eben zur Mette gehen wollte. Kaum hatte er ihn erblickt, so lief er hinter ihm drein, kriegte ihn am Haar und den Kleidern zu fassen und zauste ihn aus Leibeskraft. »Au weh, was hab' ich Euch denn getan?« schrie der Bruder. »Was du mir getan hast?« entgegnete der Schüler. »Bist du mir nicht die ganze Nacht nachgelaufen, daß ich dich auf keine Weise los werden kann? Bist du denn rein des Teufels?« »Bei Gott«, verteidigte sich der Mönch, »ich wollte doch nur zur Mette gehen und meine Sünden büßen!« Der andere aber schleppte ihn weiter, ohne auch nur auf seine Worte zu achten. Einen Augenblick gelang es dem Ärmsten, zu entrinnen, aber schon war jener wieder hinter ihm und packte ihn am Kragen: »Was, Bruder Tollkopf, du willst mir entwischen?« rief er und stieß und boxte ihn von allen Seiten. Was der Pfaffe auch flehte und schrie und Stoßgebete plapperte, er trug ihn unentwegt vorwärts, keuchte, stolperte und warf ihn zuletzt unbarmherzig in den Rhein, wie er den drei andern getan hatte.

Dann ging er zurück zu dem Wirte und verlangte sein Geld. Der freute sich, daß er so wohlfeil davongekommen war und auf jeden Mönch nur ein einziger Pfennig entfiel. Als der Schüler ihm aber erzählte, daß der zudringliche Leichnam ihm eben nochmals unterwegs begegnet sei und er ihn in aller Teufel Namen zum vierten Male ins Wasser getaucht, erkannte der Wirt den Irrtum und beklagte das Los des Mannes, der so ohne Schuld auf das elendeste hatte ersaufen müssen.

Das Gänslein

In einem Kloster herrschte die Bestimmung, daß in dem zugehörigen Gasthause und Spital jederzeit Leute, die um Aufnahme baten, auf das freundlichste bewirtet und gepflegt werden sollten. Nur wenn das Tor geschlossen wurde, war es bei Leibesstrafe verboten, noch irgend ein Weib einzulassen, auch durfte kein Fremder je die Mönche und ihre Wohnungen sehen. Da gab es denn manchen Bruder darin, der niemals aus dem Kloster kam, und unter ihnen auch einen jungen Mann, der, seit er ein kleines Kindlein gewesen, die ganze Zeit seines Lebens hinter den Mauern verbracht, so daß er aller Dinge, die es draußen gab, völlig unkundig geblieben. Kaum daß ihm vom Hörensagen bekannt war, daß ein Roß ein Roß und zum reiten da sei. Als nun eines Tages der Abt sein Pferd bestieg, um auf den Klostergütern nach dem Rechten zu sehen, bat ihn dieser Jüngling, ihn ins Land mitzunehmen, damit er die Dinge da draußen kennen lerne. Der Abt willfahrte ihm, denn er dachte, wenn ihm Leute und Land bekannt wären, würde er dem Kloster um so besser nützen können. So saßen sie denn auf und ritten von dannen. Als sie hinauskamen auf das Feld und ihre Pferde in schönem Trabe gingen, da wußte sich der Mönch nicht zu lassen vor Fragen. Von jedem Tier, das ihnen entgegenkam, wollte er den Namen wissen, und der Abt nannte sie ihm alle, ob es nun Schafe, Rinder oder Schweine waren. Nach einiger Zeit kamen sie zu einem Meier, bei dem sie die Nacht verbringen wollten. Dieser empfing sie freundlich und nahm ihnen die Pferde ab. Sie selbst gingen indessen in ein Gemach und setzten sich dort ans Feuer.

Der Meier nun hatte eine Frau und eine Tochter von achtzehn Jahren, die überaus lieblich war. Der Abt bat die Beiden, sich zu ihnen zu setzen und sie taten es gern und ließen sich bei ihnen nieder. Da bat der Mönch den Abt, ihm zu sagen, was denn das für Kreaturen wären. »Ei«, erwiderte der Abt, »die nennt man Gänse.« » *Crede mihi*«, sagte da der Mönch, »dann sind die Gänse gar säuberlich. Wie kommt's, daß wir keine Gänse haben? Die könnten sich auf unsrer Klosterweide gar wohl ergehen.« Darüber lachten die beiden Frauen: denn es nahm sie Wunder, daß er so lieblich anzusehen war, aber sich nicht einmal darauf verstünde, was ein Weib sei. Sie fragten den Abt, ob er blöde wäre, da erzählte er ihnen die

Geschichte, auf welche Weise er aufgewachsen sei. Als dies die Tochter des Wirtes vernahm, dachte sie: »Das ist ein säuberlicher Mann. Ich will noch heute versuchen, ob er vielleicht erkennen mag, wie man mit Weibern umgeht?« Sie sprach den Gedanken nicht aus und behielt ihn still bei sich. Als man nun schlafen gehen sollte, befahl der Wirt, den Beiden der Sitte gemäß das Bett zu bereiten. Die Tochter aber wußte es so zu wenden, daß der junge Mann fern von dem Abte gebettet wurde. So habe der Abt um so bessere Ruhe, sagte sie. Als die Herren sich gelegt hatten, hieß der Wirt sie alle schlafen gehen, damit die Gäste wohl ruhen möchten. Der Mönch aber konnte nicht einschlafen, denn er mußte immerfort all der Namen gedenken, die ihm genannt worden. Auch die Jungfrau lag schlaflos und sann hin und her, wie sie ihren Willen vollbringen möchte.

Endlich stand sie ganz leise auf, stahl sich in seine Kammer und blieb vor seinem Bette stehen. Als der Mönch dies wahrnahm, fragte er: »Wer ist denn da?« Da antwortete sie: »Ich bin's, das junge Gänslein! Ich habe hier Frostes viel gelitten und bitte Euch gar sehr, laßt mich unter Eure Decke schlüpfen, damit ich nicht noch erfriere, denn es ist bitter kalt hier draußen.« Da ließ er sie in seiner Einfalt unter die Decke. Allein er wußte weder viel noch wenig von dem Bettspiel, sie dagegen ein klein wenig mehr, so daß er es bald erlernte. Ihm wurde wohl und wohler bei dem Gänslein, und sie ließen nicht ab davon, bis es Tag zu werden schien. Da blieb sie nicht länger liegen, sondern stand auf und sprach: »Wollt Ihr noch mehr dergleichen Wonne haben, so sollt Ihr niemand erzählen, was sich zwischen uns beiden begeben hat. Würde es dem Abt bekannt, wir müßten den Tod von ihm erleiden.« So beschwor sie ihm noch mit manchem Wort, von ihrer beider Lust gegen jedermann zu schweigen. Unterdessen war der Tag aufgegangen, der Abt hatte sich schon erhoben und kehrte, als er seine Angelegenheiten geordnet hatte, mit dem Mönche nach dem Kloster zurück. Als sie daheim waren, ging es an ein Fragen und Necken, was denn der Junge alles gesehen und erfahren habe. Er aber war verständig genug, kein Wörtlein davon zu verraten, wie ihm über Nacht das junge Gänslein zuteil geworden.

Da, noch im selben Winter um die Weihnachtszeit, ließ der Abt viele Aufwärter und Köche in das Kloster kommen, denn nun nahte für die Brüder eine Woche, da sie viel singen und lesen mußten. So sollten sie denn ob der großen Arbeit sich auch desto besser pflegen dürfen. Alle lobten das Beginnen des Abtes, nur der junge Mönch, der auch dabei stand, sagte: »Wenn volles Amt gehalten werden soll, ei, Herr, warum schafft Ihr nicht jedem eine Gans ins Haus? Nichts besseres könnte uns geschehen.« Da wurde der Abt zornig und sprach: »Was schwatzt Ihr da? Wo habt Ihr Euren Witz hingetan? Wißt Ihr nicht, daß es uns verboten ist. Fleisch zu essen? Dafür sollt Ihr mir Buße tun.« Er hieß ihn hinweggehen; obzwar nun der junge Mönch dem nicht zu widersprechen wagte, dabei blieb er doch: »Was immer mir geschehen mag, ach wer doch Gänse hätte, die wären gar lieblich anzusehen. Gänse und junge Gänslein – die mögen wohl eine gute Speise sein.« Da jagten sie ihn aus dem Gemach.

Als der Abt aber später, der Sache nachzuforschen, den Jüngling zu sich kommen ließ und ihm ernsthaft zusprach, zu gestehen, weshalb er Gänse begehrt habe, da sagte ihm dieser, wie ihm damals auf der Fahrt nachts das Gänslein zuteil geworden. Da wurde der Abt traurig und nahm alle Schuld auf sich, weil er selbst ihn betrogen. Er klärte ihn auf, befahl ihm eine Buße und verschwor das Lügen für alle Zeit.

Maria und der Schüler

Es war einmal ein Schüler, der hatte schon von Kindheit an seine Liebe Marien zugewendet und lebte, abhold allen Täuschungen der Welt, in steter Keuschheit um der Makellosen Willen, der er sich so herzlich ergeben. Er hatte ihr im Gebete heimlich gelobt, jeden Morgen früh, wo immer er sich auch befinden möchte, sieben Ave Maria zu beten, um sich indessen des reinen Anblicks zu erfreuen, den ihr schönes Bildnis ihm bot, und kein Morgen war seither vergangen, daß er nicht getreulich nach dem Gelöbnis getan hätte. Sein Leben aber bestritt er, indem er in der Stadt betteln ging und Almosen las, denn er weilte fern von seinen Nächsten, in der Fremde.

So war er fünfzehn Jahre alt geworden. Da geschah es denn, daß in einem Dorfe der Gegend eine Kirchmesse abgehalten wurde, zu der die Leute sich wegen des Ablasses drängten. Auch die armen Schüler gingen dahin, um etwas Essen zu erbetteln. Als er nun sah, daß die Sonne sich erhub, machte er sich gleich den andern auf aus der Stadt, dem Kirchdorfe zu, doch scheute er sich, reinen Sinnes, wie er war, mit den Gesellen zu wandern, und ging ganz allein hinter dem Zuge her. Sein Gebet aber hatte er an diesem Morgen zu sprechen vergessen. Das Dorf lag weit ab von der Stadt und die Sonne stieg immer höher. Da befiel es ihn plötzlich, daß er noch nicht gebetet habe: Er erschrak und ihm ward so leid zu Mute, daß er aus übergroßer Reue von Herzen zu weinen begann. Gern wäre er wieder umgekehrt, aber ihm war angst, daß ihm dann der Ablaß genommen wäre. O könnte er nur dort in die Kapelle hinein, um sein Gebetlein zu sagen! Wäre die Tür auch verschlossen, gern wollte er davor stehen bleiben, bis sie aufgeschlossen würde, und dauerte es auch bis zur Vesperzeit und er hätte den Tag lang nichts gegessen! Dann möchte er wohl noch das Bildnis unsrer lieben Frau erschauen und spräche davor sein Gebet. Dieses dachte er im Weitergehen, während ihm vor Leid die Tränen über das Antlitz rannen. Indessen führte ihn sein Weg in ein dichtes Gehölz. Da, als er zufällig zur Seite blickte, sah er mit einem Male auf einem umgestürzten Baumstamme ein Bildnis liegen, das war nach Marien gebildet und von solcher Lieblichkeit, daß nie eines Meisters Gewalt ein gleiches mochte erschaffen haben. Er wähnte, daß vielleicht ein Maler es dahingestellt und dort vergessen habe. Das Herz schwoll ihm vor Freude und sein Leid zerstob daran. Rasch warf er sich nieder und sprach nun so viele Gebete vor der Gotteswerten, als ihm irgend behagen mochte. Er wollte schon gehen, da sagte ihm sein Herz, er möchte sorgsam sein und viele schöne Blumen zusammenlesen und einen Kranz daraus machen, weit, groß und wohl gerundet, und ihn über das Bildnis legen, damit die wilden Vögel es nicht beschmutzten. Als er getan, wie sein Herz ihm geboten hatte, wollte er wieder seines Weges weiterwandern, dem Dorfe zu. Doch da erwuchs ihm neue Sorge. Denn das schöne Bild stand ganz ohne Dach auf dem Gefilde. Die Gestalt darauf war von meisterlicher Art und das ganze Bildnis mit Gold und Lazur gar glänzend gemalt. Da ward es ihm ohnmaßen leid um die schönen Farben: »O weh«, dachte er, »der Regen wird sie abwaschen, und auch der nur Ungemach davon haben, der das Bildnis hier vergessen hat«, und sann eifrig darüber nach, wie er dies verhindern möchte. Sein ganzer Besitz waren zwei linnene Hemden und ein Mantel, so war er wohl arm genug. Aber wenn er auch mehr davon besessen hätte, er würde es wohl nicht mitgenommen haben, denn der Sommer war heiß. So riß er denn das Hemd, welches er auf dem Leibe trug, in zwei gleiche Teile, so gut er dies vermochte, und hüllte sorglich das reiche Bild in die eine der beiden Hälften. Die andere aber benutzte er, sich selbst damit zu bekleiden, schlug den Mantel achtsam um und gedachte, nun so dahinzuwandern. Als er aber ein Stücklein Wegs dahingelaufen war, vernahm er deutlich, daß das Bild ihn rief. Ein mächtiger Schrecken erfaßte ihn, rasch kehrte er wieder um und sprach, auf die Knie sinkend: »Da bin ich, Herrin, gebenedeite Königin, was willst du von mir, daß du mich zu dir kommen heißest?« Da sprach das Bildnis: »Gehe hin in des Pfaffen Hof, da wirst du den Bischof finden, wie er bei Tische sitzt und ißt! Sage ihm, ich ließe ihn grüßen mit solcher Freundlichkeit, wie er an mir getan hat. Darnach aber sprich, er möge dich morgen zum Priester weihen.« »O Königin Marie!« entgegnete er, »du spottest mein! Er wird gar übel mit mir verfahren, wenn ich ihm deinen Gruß sage, auch ist die Zeit jetzt nicht, da man die Priester weiht. Zudem bin ich noch ungelehrt und weiß nicht die Messe zu singen.« Da unterbrach ihn die Jungfrau: »Du bist gelehrt und alt genug, auch ist die Zeit just die rechte für die priesterlichen Weihen. Damit der Bischof Dir aber Folge leiste, will ich Dir ein Zeichen sagen: sprich zu ihm, er habe damals in der Zeit, als ihm das Amt befohlen wurde, heimlich in seinem Herzen gelobt, mir darnach immer und an jeglichem Tage fünfzig Ave Maria zu sprechen. Frage, wie ihm das behagt! Denn er hat mir darin gelogen und getan, als habe er niemals seines Vorsatzes gedacht. Sage ihm dies, so wird er Dir glauben.« Da neigte sich der Schüler zur Erde und schied. Als er aber ein Stücklein Wegs fürbaß gegangen war und nach der Stätte zurückblickte, wo er das Bild gesehen, war es verschwunden. Betend ging er weiter, bis er zu dem Kloster kam.

Zuerst begab er sich in die Kapelle, sprach dort sein Gebet und machte sich dann auf, zu dem Bischof zu gehen, der um diese Zeit auf des Pfaffen Hofe zu Gaste war. Aber die Türhüter vertrieben mit rohen Schlägen alle armen Leute, die vor den Bischof wollten. Als nun der arme Schüler, nackend und bloß, wie er war, sich herzudrängte, mußte er gar manchen Schlag und Stoß von ihnen leiden, doch um der Botschaft willen, die ihm aufgetragen war, erduldete er alles, was ihm widerfuhr, und drang am Ende hindurch. Da saß der Bischof und aß, inmitten seiner Untergebenen, Rittern und Kaplänen, deren eine große Schar daselbst versammelt war. Der Bote trat vor den Bischof, als er die rechte Zeit wahrzunehmen glaubte, und erhub vor ihm öffentlich seine Stimme. Der Bischof sah ihn an und wähnte, es sei ein bestellter Lustigmacher. Alle erklärten, ihn hören zu wollen. Als dies der Schüler sah: »Herr Bischof«, sprach er da, »höret, was ich Euch sagen muß: Euch entbietet ihren Gruß Maria, die Königin: der Gruß soll also mit Euch sein, als Ihr es um sie verdient habt.« Da rief der Bischof: »Hollah, was redet der Narr?« »Laßt mich«, sprach der Schüler, »meine Worte zu Euch sagen, wie sie mir befohlen sind! Maria läßt Euch noch verkünden, Ihr möget mich morgen zum Priester weihen!« »Ei!« entgegnete der Bischof mit Hohn, »Eure Kleider sind wahrlich zu schön, als daß man Euch darin weihen könnte! Aber ich rate Euch, lasset ab davon, die Gottesreine in Euren Mären zum Spotte zu machen, sonst sollt Ihr mit Knütteln geschlagen werden. Wenn Ihr uns lachen machen wollt, treibt es auf andere Weise, aber Marien laßt mir aus der Rede!« Da sprach der Schüler: »Im Namen Gottes, ich will Euch gern ein Zeichen ansagen, daß sie es war, die mich gesandt hat.« »Das möchte ich hören«, rief der Bischof,. »Meine Herrin«, sprach der Schüler, »läßt Euch sagen: Einstmals in den ersten Zeiten, da Ihr zum Amte kamt, habt Ihr Euch wohl beflissen, ihr hold zu sein, und schwuret einen heimlichen Eid, der niemals vor den Menschen bekannt geworden, Ihr wolltet Ihr darnach immer und an jeglichem Tage fünfzig Ave Maria sprechen. Nun aber höret, was ich Euch weiter sage: Ihr wäret, spricht sie, daran zum Lügner geworden, denn Ihr hättet nichts davon gehalten, so daß Euer Eid lahm geworden.« Als der Bischof dies vernahm, erschrak sein Herz so gewaltig, daß er Befehl gab, die Tafel aufzuheben. Die Tische wurden fortgenommen, er selbst aber saß in einem Winkel des Saales allein, in trübe Gedanken versunken. Denn er erinnerte sich seines Eides wohl, doch kannte er keinen, der davon Kunde hätte besitzen können. Da bat er den Schüler, ihm noch einmal, aber heimlich zu sagen, wie es sich damit verhielte, und nichts zu verschweigen. Da erzählte ihm dieser dann mit einfältigen Worten, wie ihm die Himmelskönigin dort an dem Wege in einem Bilde erschienen, beschrieb, wie es begonnen und wo es gewesen, und wie alles folgende sich zugetragen. Da fiel der Bischof auf die Knie, neigte sich vor Marien in andächtiger Demut bis tief zur Erde und gelobte, fröhlich an dem Schüler zu tun, wie ihm befohlen worden.

Am andern Morgen früh wurde denn auch der Schüler schön gekleidet, auf priesterliche Weise angetan und von dem Bischof mit allen Ehren geweiht. Dann aber sprach dieser zu dem jungen Priester: »Höre, du neuer Kapellan der himmlischen Jungfrau! Nun sollst du mich sehen lassen, ob in Wahrheit die Himmelskönigin es war, die dich zu mir gesandt! Darum sollst du sogleich die Messe singen, wie es Priestern geziemt, dies ist mein Wille.« »Laß Gnade walten, Herr«, entgegnete der neue Priester, »ich verstehe es nicht, die Messe zu singen. Willst du mir aber etliche Stunden Frist geben, daß ich es erlerne, so will ich gerne tun, wie du befiehlst.« Da sagte der Bischof: »Das wird nicht geschehen, ich will ohne Aufschub hören, was du vermagst. Hat dich doch die Himmelskönigin zu mir gesandt, und sollte dich nicht lehren können, Gottes Lob zu singen?« »So stehe du mir bei, Gottesmutter da droben«, rief der Priester, »ich will es tun.« Mit diesen Worten trat er an den Altar heran, sprach die Beichte und » *Indulgentia*«, worauf er anhub, » *salve, sancta parens*« zu singen, und alles dies so frei und hell, als hätte er es von je geübt. Dann sank er auf die Knie, während die versammelte Gemeinde den Gesang zu Ende führte. Doch schon, als der neue Priester begonnen zu singen, ward ihm und dem Bischof, unsicht-

bar für die andern, eine seltsame Erscheinung: die schönsten Jung-
frauen, die je ein Auge sah, traten in die Kirche und bewegten sich
gegen den Altar. Aus ihrer Mitte löste sich die herrlichste Königin,
in einem Kleide von Samt und morgenländischer Seide, das mit
lauterem Golde durchwirkt war. Ihre Mantelschließe brannte wie
ein Stern und ihre Krone gab so strahlenden Schein, daß das Auge
die Klarheit nicht zu ertragen vermochte. So näherte sich die Köni-
gin, trat andächtig an den Altar und opferte den Blumenkranz, der
noch unverletzt war, denselben, den er dort dem Bilde gewunden.
Dann schwanden die Jungfrauen für kurze Zeit. Als er aber den
Opfersang erhub, kehrten sie wieder, die Königin aber kam und
legte mit ihren schneeweißen Händen das halbe Linnen, das er um
das Bildnis gehüllt, auf den Altar. Dann neigte sie sich in Züchten
und verschwand mit ihrer Schar.

Dies alles sah niemand als der Bischof und der junge Priester. Als
dieser aber die Arme hochhub, um dem Volke den heiligen Leib zu
zeigen, gewahrte der Bischof eines neuen Wunders: denn der Kna-
be-Priester stand aufrecht, aber er war tot. Die reine Gottesmagd
hatte seine Seele zu sich genommen.

Maria und die Mutter

Einer Frau war ihr Mann gestorben und hatte ihr nicht mehr Kinder zurückgelassen als einen einzigen Sohn, der ihr darum besonders lieb war. Nun fügte es sich eines Tages, daß ihr ein großes Leid um ihn erwuchs, denn er wurde gefangen und in Ketten und Halsring von seinen Feinden in den Kerker verschleppt. Da weinte und klagte die Mutter Tag für Tag und schrie zu Marien, *sie* möge ihr Kind aus seinen Banden und von allen Feinden befreien. So trieb sie es lange, aber all ihr Gebet verschlug nichts und niemand kam, der ihrem Sohn die Tür des Kerkers aufgeschlossen hätte. Da wurde sie des Gebetes, das ja doch nicht erhört wurde, am Ende überdrüssig und begab sich in eine Kirche, darin sich ein meisterlich geschnitztes Marienbildnis mit dem Kindlein auf dem Schoße befand. Als sie sah, daß niemand sonst in der Kirche war, trat sie einfältig, wie sie war, an das Bild heran, faltete die Hände und fiel traurig auf ihre Knie: »Heilige Jungfrau Maria«, sagte sie betrübt und weinend, »ich habe dich nun so oft gebeten, abends und morgens, du wollest mir gnädig von meinem Kummer helfen und mir meinen lieben Sohn fröhlich von den schlechten Menschen erlösen, die ihn dort gefangen halten. Aber ich sehe wohl, wenn ich zu dir und deinem Kinde rief, so ist es allzeit für nichts gewesen. So will ich denn damit aufhören, denn die Mühe kann ich mir sparen. Doch werde ich dir genau so mitspielen, wie man mir getan hat. Denn wie all mein Trost gestorben ist, so will ich dir dein Kind auch wegnehmen und es als eine Geißel für das meine behalten. Not bricht Eisen. Denn glaube mir, ich bringe dirs nicht wieder zurück, es wäre denn, daß du auch mir meinen Sohn herbeischaffst. Tu, was dir gefällt! Ich trage das Kind jetzt nach Hause.«

Damit trat sie hinzu und nahm ihr das Bild des Kindleins aus dem Schoße. Dann wickelte sie es in ein Tuch und trug es heim in ihr Haus. Heimlich ging sie in ihr Kämmerchen, nahm allerlei seidene Tücher und anderes Zeug und hüllte das Bild fein säuberlich darein: so legte sie es sorgsam in ihre Truhe. »Wenn deine Mutter dich hier lassen will«, sagte sie, »so möge sie's tun! Aber das eine weiß ich: gibt sie mir nicht meinen Sohn heraus, so wirst du ihr nie und nimmer wiedergebracht.«

In derselben Nacht aber ging Maria, die allen Menschen gütig ist, zu dem Kerker, darin der Sohn gefangen und elend darnieder lag, öffnete ihm die Tür und löste seine Ketten und Bande. »Liebes Kind«, sprach sie, »geh nun frei und ohne Zwang dahin zu deiner Mutter und sage ihr, daß ich dich erlöst habe. Aber sie solle mir nun auch mein Kind wiedergeben, das sie mir vordem an deiner Statt genommen hat.« Da eilte der Knappe fröhlich nach Hause und erzählte der Mutter alles, was ihm widerfahren war. Als diese ihn sah, freute sie sich ohne Maßen, schloß sogleich ihren Kasten auf, nahm das kleine Bildnis heraus und lief damit zu der Kirche. »Hier hast du dein Kind«, sprach sie und setzte es wieder in der Jungfrau Schoß, »denn wer kennte wie du, was eine Mutter leidet?«

Der Ritter als Mönch

Es war einmal ein Edelmann, der mochte nicht länger in der Welt Freuden leben und trat, um nur noch Gott zu dienen, in den grauen Orden der Mönche von Zites ein. Den Brüdern des Klosters aber erschien es unziemlich, daß ein so edler Herr nichts anderes bei ihnen sein sollte, als ein armer, dienender Bruder, denn er besaß keinerlei Kenntnis der mönchischen Wissenschaften. Er selbst achtete wenig darauf, was man aus ihm machte, die Mönche jedoch kamen überein, ihn ganz in ihre Gemeinschaft aufzunehmen, indem sie ihn in der Schrift belehrten. So ward ihm denn ein Meister gegeben und die Schrift vorgelegt, aber er war nun einmal im ritterlichen Leben gealtert und blieb kalt vor dem neuen Wissen, das sie ihm beibringen wollten. Der Meister las ihm immer wieder vor und versuchte es auf mancherlei Art, aber es blieb alles vergeblich, seine matten Sinne begriffen nicht, was man von ihm wollte: von allem behielt er nichts, als die zwei Worte »Ave Maria!« und keine Silbe mehr. Es schmerzte ihn, daß die Wissenschaft auf keine Weise in ihn hineingehen wollte. Nur dieses »Ave Maria!« faßte sein harter Verstand, und es schien ihm mit allen Buchstaben tief ins Herz gegraben zu sein. Denn »Ave Maria!« sprach er, wo er ging und stand, und man hörte nichts anderes von ihm, als diese beiden Wörtlein. Aber Gott ließ ihn den blöden Sinn nicht entgelten und bereitete ein Wunder vor, um ihm zu lohnen.

Denn als er gestorben und bestattet war, erhub sich ein seltsames Zeichen auf seinem Grabe: eine Lilie wuchs daraus hervor und entfaltete leise die strahlendsten Blüten. Auf jedem Blütenblatte aber stand mit goldenen Buchstaben »Ave Maria!« geschrieben. Dies nahm die Brüder Wunder: sie begannen zu graben, bis sie an den Grund hinunterkamen. Da sahen sie, daß die Wurzel der Blume an dem Gaumen in des Toten Mund entsprossen war. »Er muß es von Herzensgrund gesprochen haben«, sagten sie, und beugten schaudernd die Häupter.

Marien Rosenkranz

Es war einmal ein Schüler, der hatte sein ganzes Leben und alle seine Sinne auf diese Welt gerichtet und sich von der rechten Straße weitab ins Gewirr der Nebenwege verirrt. Was auch der Schulmeister ihn mit Schlägen traktierte, die erweichten ihn keineswegs, von seinen wilden Sitten zu lassen. Nur eine fromme Gewohnheit war ihm geblieben: jeden Morgen ging er hin und brach Rosen und allerlei Blumen, und wenn er die nicht in der Nähe haben konnte, so ging er auf die Berge und grub und suchte, was ihm gefiel. Daraus machte er dann ein Kränzlein, trug es zur Kirche und setzte es dem Bilde der süßen Gottesmutter auf. Daran hatte er sich so innig gewöhnt, daß sein Herz sich immer wieder danach sehnte und es keine größere Klage für ihn gab, als wenn er an einem Tage den frommen Dienst versäumen sollte.

Da gab Gott ihm ein, sich der Welt zu begeben und in den Orden der grauen Mönche zu treten. Des waren seine Verwandten froh und schufen, daß der junge Mönch mit offenen Armen im Kloster empfangen ward. Wie aber sollte er hier sein Kränzlein winden? Wenn er Blumen lesen wollte, hieß es stets, zum Chore oder zum Kapitel gehen, und die Blumen blieben stehen, wo sie waren. Kam er so zum Chore und sah das ungekränzte Bild Mariens, so quoll ihm bitteres Leid empor und er verfiel in so große Traurigkeit, daß ihn zu leben verdroß. Lieber wollte er wieder aus dem grauen Orden entrinnen und in die Welt zurückkehren, ehe er von seiner Gewohnheit lassen und so in Kummer dahinleben mochte.

Als er in seinem Entschlusse fest geworden war, ging er eines Morgens an den Altar vor die Muttergottes, weinte bitterlich und sprach: »O süße Königin, laß dir geklagt sein, wovor ich mich nimmer bewahren kann. Ich muß der Zelle entlaufen, denn sehe ich dein Bild und fehlt der Kranz darauf, so ist mir, als ob ich nicht länger leben könnte.« Während er so klagte, kam ein Mönch, der schon grau vom Alter war, an der Stelle vorüber, um beten zu gehen. Als er ihn so traurig sah, tröstete er ihn und sprach ihm zu: »Sage mir, was hat dich so früh betrübt, mein lieber Sohn? Denn ich sehe wohl, du weinst und bist voll Ungeduld.« »Ratet mir!« rief da der junge Mönch, »denn ich stehe im Begriffe, dem Orden zu entlaufen«, und sagte dem Alten alles, was sein Herz bedrückte. »Lieber Sohn«, erwiderte der Greis, »man sündigt in der Welt mehr denn hier. Kannst du ihr kein Rosenkränzlein mehr winden, so sprich der himmlischen Königin Tag für Tag fünfzig Ave Maria zu der Zeit, da du sonst die Blumen bandest. Denn der Englische Gruß ist ihr werter als eine goldene Krone und tausende von deinen Kränzen.« Des Trostes ward der Junge froh, entschloß sich zu bleiben und nach dem Rate des Alten zu handeln, und hielt sich so wacker in dem grauen Leben, daß er zum Prior erwählt ward und seines frommen Amtes als ein seliger Mann waltete.

Eines Tages nun ritt er nach einem Hofe, der sich von altersher in der Pflege der Mönche befand, um irgend etwas daselbst zu besorgen. Es war zu der Zeit, da die Vöglein zu singen beginnen und der Mai junges Laub aus allen Zweigen treibt: der Wald stand schön gekleidet, die Vöglein sangen, wonnige Tage waren auf Erden, Wiesen und Anger lagen grün in Blumen und Rosen und die Nachtigall flötete, daß es weit in den Wald erklang. Er ritt durch einen tiefen Grund, der voll von Laub und Blumen stand, die waren lieblich entsprungen, und die Vögel sangen hell. Der Ort gefiel ihm wohl, er dachte: »Ich will meiner Herrin ein Kränzlein bringen.« So drang er denn mit seinem braven Rosse tiefer ins Gebüsch, um von dem Laube zu pflücken, doch meinte er, eh er davon bräche, wolle er gern erst seine fünfzig Ave Maria sprechen, wie er es täglich getan, seit er aus dem Kloster hatte entlaufen wollen. Er ahnte nicht, daß ganz nah in dem Busche eine Rotte Strauchdiebe lag, die sich soeben anschickten ihm sein Roß wegzunehmen. Schon wollten sie hervorspringen, da sahen sie aber, daß plötzlich eine Frau daherkam, so schön und licht, daß ihr Angesicht das Licht der Sonne verdunkelte: in Bagdadseide, mit edlen und köstlichen Perlen durchwirkt und besetzt mit den kostbarsten Steinen, deren jeder heller erstrahlte denn ein Stern, erschien sie, leuchtend in himmelfarbenem Gewand, der Kopfschmuck aus einem Stoffe, der nicht gewebt worden, stand schwebend über ihrem Haupt und alles an ihr schien herrlicher und glänzender, als die Schätze Arabiens und des ganzen Morgenlandes zusammengenommen. So schritt sie leise an der Seite des Mönches, der langsam in Gebet versunken, durch das Gebüsche dahinritt: in der einen Hand trug sie einen Reif, die andere aber streckte sie zart nach seinem Munde aus und nahm ihm, neben ihm herwandernd, von Zeit zu Zeit eine junge, rote Rose von den Lippen. Die steckte sie an den Reif, mit einem goldenen Drahte wand sie die Rose darum. Dann hub sie leise die Hand auf und nahm ihm wieder, fast ohne ihn zu berühren, eine neue frische Rose vom Munde, und tat immerfort also, bis es fünfzig Rosen waren. Da war das Kränzlein fertig, und sie setzte es langsam auf ihr Haupt. So oft er beim Beten ihren Namen nannte und den Gruß des Engels sprach, so oft sah sie ihm unter die Augen und lachte glückselig. Dann neigte sie sich vor dem Mönche, ihres Kränzleins froh, und schied von hinnen, wie sie gekommen war.

Der Prior hatte von alledem nichts gesehen. Als er sein Gebet zu Ende geführt, brach er ein Zweiglein von dem Laube und wollte wieder heimreiten, indem er auf den Weg zurückzukommen trachtete. In diesem Augenblicke sprangen die Schächer auf und fielen dem Rosse in den Zaum. Ihnen war wohl, als hätten sie des Nachts geträumt, daß ihnen die himmlische Königin am hellen Tage erschienen sei. »Sagt uns an«, riefen sie alle auf einmal, »wer war die Frau, die so strahlend und rein neben Euch im Grase ging und Euch fünfzig Rosen von den Lippen nahm? Sagt uns die Wahrheit, oder Ihr müßt des Todes sein!« »Bei meiner Treue!« erwiderte der Mönch, »ich habe keine Frau gesehen. Aber wollt ihr mein Roß, so führt es dahin, ich kann es euch nicht wehren.« Sie aber schwuren ihm zu, er müsse sterben, wenn er sie nicht ohne allen Rückhalt berichten wolle. »Der Reif war von Golde«, sagten sie, »darauf sie mit ihrer schneeweißen Hand die Rosen wand. Als das Kränzlein fertig war, wie süß sie doch da lachte! Sie setzte es auf, neigte sich und schied, von Himmelslicht umgeben.« Da drangen sie immer wilder auf den Prior ein, so daß er heftig erschrak: »Eia, hehre Königin!« rief er, »bist du es gewesen oder wer? Vielleicht hat Gott selber dich gesendet, diesen Sündern zum Troste, daß sie dich sahen, ich aber nicht. O, hätt' ich dich doch auch geschaut, es muß Unbeschreibliches gewesen sein, was sie gesehen haben!«

»Da ihr's nicht anders wollt«, sprach er nun, zu den Räubern gewendet, »so muß ich euch denn gezwungen willfahren. Die ihr gesehen habt, war Maria, Gottes Mutter, zu Euch herabgesandt, damit Ihr von Missetat und gottlosem Leben lasset. Dienet ihr und dem allmächtigen Gott, so könnt ihr sie in ihrem Himmelreiche anschauen ewiglich!« Da falteten sie die Hände, warfen sich vor ihm nieder und versprachen, zu büßen und Gottes Knechte zu sein.

Fröhlichen Herzens fuhr er mit ihnen nach Hause und bat den Abt, sie in das Kloster aufzunehmen. Dies geschah denn auch und sie fühlten darin ein gottseliges Leben bis an ihr Ende.

Der Welt Lohn

(Konrad von Würzburg)

Es war einmal ein Ritter, der rang mit allen Kräften spät und früh nach dem Lohn der Welt: Ehre, Pracht und Frauendienst waren die Werke, um die er sich Zeit seines Lebens mühte, und alles Hohe und Gewaltige, das er tat, kam ihm denn auch als Ruhm und Preis zurück: denn alle Zungen erhuben ihn weit über jeden seinesgleichen und priesen ihn als den besten Mann in allen deutschen Landen. Er bedachte und betrachtete die Welt wohl und hatte früh gelernt, wie man sich in den Augen der Menschen erhöht und aufsteigt an Ehren und Würden. Ihm mangelte nichts, den Preis zu erringen, er schien vollkommen an Worten und Werken, lebte freigebig, trug erlesene Kleider, pürschte, beizte und jagte, spielte Schach und die köstlichsten Saiteninstrumente, lag emsig in Turnier und Fehde und liebte die Frauen so sehr, daß alle ihm ergeben wurden und seinen Leib und seine Treue rühmten. Sein Name aber war Wirnt von Grafenberg.

Eines Tages nun saß er in seinem Gemache und las freudig in einem Buche, das er in der Hand hielt und worin allerlei Liebesaventüren geschrieben standen. Damit vertrieb er sich die Zeit den ganzen langen Tag bis zur Vesper, hingenommen von süßer Rede, die er in dem Buche las. Da kam plötzlich ein Weib dahergegangen, schöner, als er je eines gesehen, vollkommen, mit lieblichen Brüsten und herrlicher als Venus und Pallas und alle Göttinnen, die einst der Liebe ergeben waren. Ihr Antlitz war erleuchtet wie ein Spiegel, ihre Schönheit gab so lichten Schein und Farbenglanz, daß der ganze Palast von ihrem Leibe erstrahlte, und ihre Gewänder und Krone waren so reich, daß keines Goldes Wert sie je aufwiegen konnte.

Erschrocken von dem ungeheuren Anblick, erbleichte Herr Wirnt von Grafenberg. Bebend und fahl begrüßte er die Liebliche und sprach mit süßem Munde: »Frau, seid mir Gott willkommen, ich habe nie Euresgleichen gesehen!« »Liebster, warum erschrickst du vor mir?« entgegnete die Leuchtende. »Bin ich doch dasselbe Weib, für das du von je Seele und Leben gewagt hast. Von mir kam dir der hohe Sinn, von mir hast du gesprochen und gesungen, wenn etwas Süßes dir einfiel. Du bist wie ein Maienreis, blühend in allen holden Farben der Erde, dein ist der Kranz der Ehren von Kindheit auf.

Immer hast du mir gedient und dein Sinn war lauter und wankte nicht von mir. Darum komme ich her, daß du mich ganz und gar betrachten magst, wie schön ich sei und über allen Wunsch vollkommen: denn alles dies soll dir zum Lohne werden und wird dein sein, was deine trunkenen Augen an mir erspähen.«

Diese Rede kam dem Herrn seltsam vor: denn die Frau sagte, er habe ihr gedient, er aber hatte sie nie zuvor gesehen. »Hohe Frau«, sprach er, »begehrt Ihr mich zum Knechte, so will ich Euch dienen bis an meinen Tod. Aber daß ich Euer Dienstmann gewesen bin, wahrlich, davon weiß ich nichts, denn meine Augen haben Euch noch nie erschaut. Wer seid Ihr, Herrliche? Von wannen stammt Ihr und wie nennt Ihr Euch? Sagt mir dies an, damit ich wisse, ob ich je bei meinen Tagen ein Wort von Euch gehört.«

»Das soll geschehen«, erwiderte die wunderbare Frau, »ich will dir meinen hochgepriesenen Namen sagen. Du brauchst dich dessen nicht zu schämen, daß du mir untertänig bist. Denn mir dient, was auf der Erde lebt, Kaiser und Könige sind unter meiner Krone, Grafen, Freiherrn und Herzoge haben ihre Knie vor mir gebeugt und gehorchen meinen Geboten. Ich fürchte niemand außer Gott, er allein hat Gewalt über mich. Denn ich heiße Frau Welt, der du so lange nachgestrebt. So sei denn also von mir belohnt, wie ich dir nun zeigen will. Sieh her!«

Sie kehrte ihm den Rücken zu: da sah er, daß der allerenden voll häßlicher Schlangen, Kröten und Nattern hing. Blattern und abscheuliche Geschwüre bedeckten die Haut, Fliegen und Ameisen saßen gräßlich darin und die Maden hatten das Fleisch bis auf das Gebein weggezehrt. Ein angsterregender Gestank ging von dem widerlichen Leibe aus und das reiche seidene Gewand schien trüb und fahl wie Asche. Damit verschwand sie. Der Wirnt von Grafenberg aber nahm bald darauf das Kreuz und fuhr ins Morgenland, um als ein Streiter Christi sich das ewige Seelenheil zu erkämpfen.

Bruder Felix

Im grauen Orden befand sich einmal ein heiliger Mönch, Bruder Felix mit Namen, der lebte versunken in die göttlichen Schriften, demütig wie Hiob und der Himmelskönigin von Grund seines Herzens ergeben. Des Todes eingedenk, kasteite er seinen Leib, dachte reuevoll, wie er den Stricken des Teufels entflöhe, lag des Nachts schlaflos in Gebet und Jammer und verachtete die Ehren der Welt. Keinem Mönche war er gram, schalt nie und vergalt kein Leid mit Leide, sondern ließ Alles schweigend hingehen.

Eines Morgens nun, als die Primzeit vorüber war, ging er aus dem Münster, in einem Buche lesend, wie er Heil für seine Seele erringen möchte, und fand darin das Himmelreich, Freude ohne Schwere und ewig und endlos verheißen. Da hub er seine Hände zum Herrn empor, der solche Freude geschaffen: es breitet sich der Himmelssaal im ewigen Licht, das nimmer verlischt, und eine Seligkeit tut sich auf, die keines Menschen Auge zu Ende sehen, kein Ohr ganz vernehmen und keines Herzens Gedanke denken und messen mag. Er aber mußte zweifeln, denn es dünkte ihn unmöglich.

Da kam plötzlich vom Himmel ein kleines Vöglein geflogen, das sang so lieblich, daß der Mönch aufsprang, das Buch zusammenschloß und vor gewaltiger Freude nicht mehr wußte, wo er war: was er je von Seligkeit gelesen, das deuchte ihn alles nicht wahr, so süß sang das Vöglein, der Schall von tausend Harfen hätte ihm nicht lieblicher geklungen. Der heilige Mann hätte es gern gefangen, aber das Vöglein floh auf schneeweißen Flügeln immer vor ihm her und hörte nicht auf, zu singen: da war es ihm, als vergingen ihm die Sinne, und das Paradies habe sich um ihn aufgetan. Doch das Vöglein flog unaufhaltsam von dannen. »O könnt ich dich festhalten, daß du wiederkämest«, rief er, »oh, liebes Vöglein, du hast mir mit deinem Gesange das Herz verzaubert, lebt' ich so lange wie Elias oder säß' ich gewaltig als Kaiser in dem Palast zu Rom, ich gäb' es hin um dein Singen, denn es ist süßer als aller Vöglein Singen und aller Harfen Schall. Was ist Menschenstimme wider deinen Gesang? O, daß du mir entflogen bist und ich dich nimmer hören soll, davon hat meine Freude sich in Galle getaucht und ich bin betrübt bis auf den Grund meines Herzens.«

Da erklang eine Glocke, man läutete Mittmorgen. Schnell eilte er zu der Pforte, reuig und in Sorgen, daß er so lange außen geblieben. Der Pförtner kam, da rief ihm der Mönch von draußen zu: »Lieber Bruder, laß' mich ein!« »Wer seid Ihr?« fragte der Pförtner. »Ich bin ein Mönch, Felix genannt«, erwiderte jener, »der Abt und die Gemeinschaft kennen mich wohl.« »Wo kommt Ihr her? Ich habe Euch nie gesehen«, sprach der Pförtner. »Laß den Spott, Bruder«, rief der Mönch, »Gott liebt den Hohn nicht.« Aber der Bruder Pförtner versicherte ihm: »Ich bin nun dreißig Jahre in dem Kloster hier gewesen. Doch ich habe Euch nie gesehen und weiß nicht, wer Ihr seid.« »Ich bin doch soeben, kaum daß die Primzeit vorüber war, aus dem Münster gegangen. Ein Vöglein verlockte mich mit seinem Gesang, doch ist es mir listig entflohen.« »Ihr seid betrunken, Wasser wäre Euch besser gewesen denn Wein, so müßtet Ihr wenigstens nicht vor der Tür stehen. Ihr bleibt mir draußen, das sag' ich Euch.« »In nomine patris«, rief da der Mönch, »ich habe heut nacht mit dem Abt zur Messe gelesen und ihm geholfen ein Responsorium singen. Ich kenne den Kellermeister, den Kämmerer, den Prior, seit langem schon les' ich im Kapitel und Chor.« »Geht Eure Straße, Ihr rast ja und habt wohl nie ein Wort in einem Kloster gelesen!« schrie der Pförtner. »Verleihe mir den rechten Glauben, Herr!« rief der Mönch zu Gott. »Was ist mit mir geschehen? Wenn ich zur Messe las, war es sonst allen Mönchen angenehm, und mein Gesang macht sie fröhlich. Sollt' ich mich so verwandelt haben, daß sie mir nun die Türe weisen? O dann möcht ich wüten und schreien, daß ich je des Vögleins Singen pries! Und doch: ich rede wie ein Narr! Denn wer es singen hörte, der mußte Freude empfinden und selig sein!« Aber der Pförtner ward zornig: »Wenn Euch der Wind nicht hereinbläst«, sagte er, »so müßt Ihr draußen bleiben!« Da flehte ihn der Mönch im Namen Gottes an, hineinzugehen und den Abt zu rufen.

So begab sich denn jener zu dem Abte und meldete ihm, daß ein Mönch vor der Pforte stehe, der behaupte, vierzig Jahre hier im Kloster gewesen zu sein und heute Nacht noch zur Messe gelesen zu haben, aber es sei alles Lug und Trug, denn er habe ihn nie gesehen. »Hat Gott ihn uns hergebracht«, sprach der Abt, »so laß uns brüderlich mit ihm verfahren.« Er nahm die Ältesten mit sich und ging an die Pforte. Aber alle sagten aus, sie hätten ihn nie gesehen. »Was ist es mit Euch, Bruder?« sagte der Abt. »Wenn es sich so verhielte, wie Ihr sagt, wahrlich, dies wäre allzu wunderbar. Folgt mir, im Siechenhause liegt ein alter Mönch, der wohl volle hundert Jahre hier im Kloster gelebt hat. Den wollen wir fragen!« Als sie zu dem greisen Bruder gekommen waren, fragte der Abt: »Bruder, kennt Ihr diesen Mann? Er sagt, er habe volle vierzig Jahre hier im Kloster gedient. Vielleicht redet er die Wahrheit.« Da antwortete der alte Mönch: »Als ich noch ein Novize war, lebte in diesem Kloster ein Bruder, Felix mit Namen, der gerne von Gott las, was er in den Schriften geschrieben fand, und wie ein Kristall vor allen Mönchen leuchtete. Er war ein heiliger Mann, eines Tages aber zur Primzeit ging er fort und niemand hörte seither von ihm. Die Gemeinschaft trauerte ihm lange nach, man glaubte nicht anders, als Gott habe ihn zu sich genommen. Er aber ist jetzt zurückgekehrt, denn dieser Mann, der hier vor mir steht, ist der Verschwundene, den ich in meiner Jugend gekannt.« »Und wie lange ist dies her?« fragte der Abt. »Es sind wohl hundert Jahre darüber vergangen«, erwiderte der Alte. Da ließ der Abt ein Buch herbeibringen, darin alle verzeichnet waren, die seit dreihundert Jahren in dem Kloster verstorben. Da erwies es sich, daß genau hundert Jahre verflossen waren, seit dem Tage, da Bruder Felix dem Vöglein nachgegangen. Ihm aber hatte es nur eine Stunde geschienen: seine Kleider waren nicht zermürbt, nur sein Haar war ergraut. So stand er schweigend in der Versammlung.

Über tredition

Eigenes Buch veröffentlichen

tredition wurde 2006 in Hamburg gegründet und hat seither mehrere tausend Buchtitel veröffentlicht. Autoren veröffentlichen in wenigen leichten Schritten gedruckte Bücher, e-Books und audioBooks. tredition hat das Ziel, die beste und fairste Veröffentlichungsmöglichkeit für Autoren zu bieten.

tredition wurde mit der Erkenntnis gegründet, dass nur etwa jedes 200. bei Verlagen eingereichte Manuskript veröffentlicht wird. Dabei hat jedes Buch seinen Markt, also seine Leser. tredition sorgt dafür, dass für jedes Buch die Leserschaft auch erreicht wird.

Im einzigartigen Literatur-Netzwerk von tredition bieten zahlreiche Literatur-Partner (das sind Lektoren, Übersetzer, Hörbuchsprecher und Illustratoren) ihre Dienstleistung an, um Manuskripte zu verbessern oder die Vielfalt zu erhöhen. Autoren vereinbaren direkt mit den Literatur-Partnern die Konditionen ihrer Zusammenarbeit und partizipieren gemeinsam am Erfolg des Buches.

Das gesamte Verlagsprogramm von tredition ist bei allen stationären Buchhandlungen und Online-Buchhändlern wie z. B. Amazon erhältlich. e-Books stehen bei den führenden Online-Portalen (z. B. iBookstore von Apple oder Kindle von Amazon) zum Verkauf.

Einfach leicht ein Buch veröffentlichen: **www.tredition.de**

Eigene Buchreihe oder eigenen Verlag gründen

Seit 2009 bietet tredition sein Verlagskonzept auch als sogenanntes "White-Label" an. Das bedeutet, dass andere Unternehmen, Institutionen und Personen risikofrei und unkompliziert selbst zum Herausgeber von Büchern und Buchreihen unter eigener Marke werden können. tredition übernimmt dabei das komplette Herstellungs- und Distributionsrisiko.

Zahlreiche Zeitschriften-, Zeitungs- und Buchverlage, Universitäten, Forschungseinrichtungen u.v.m. nutzen diese Dienstleistung von tredition, um unter eigener Marke ohne Risiko Bücher zu verlegen.

Alle Informationen im Internet: **www.tredition.de/fuer-verlage**

tredition wurde mit mehreren Innovationspreisen ausgezeichnet, u. a. mit dem Webfuture Award und dem Innovationspreis der Buch Digitale.

tredition ist Mitglied im Börsenverein des Deutschen Buchhandels.

Dieses Werk elektronisch lesen

Dieses Werk ist Teil der Gutenberg-DE Edition DVD. Diese enthält das komplette Archiv des Projekt Gutenberg-DE. Die DVD ist im Internet erhältlich auf **http://gutenbergshop.abc.de**

Der Verlag tredition aus Hamburg veröffentlicht in der Reihe TREDITION CLASSICS Werke aus mehr als zwei Jahrtausenden. Diese waren zu einem Großteil vergriffen oder nur noch antiquarisch erhältlich.

Die Buchreihe dient zur Bewahrung der Literatur und Förderung der Kultur. Sie trägt so dazu bei, dass viele tausend Werke nicht in Vergessenheit geraten.

Symbolfigur für TREDITION CLASSICS ist Johannes Gutenberg (1400 – 1468), der Erfinder des Buchdrucks mit Metalllettern und der Druckerpresse.

Mit der Buchreihe TREDITION CLASSICS verfolgt tredition das Ziel, tausende Klassiker der Weltliteratur verschiedener Sprachen wieder als gedruckte Bücher aufzulegen – und das weltweit!

Alle Werke dieser Reihe sind jeweils als Paperback- und als Hardcover-Ausgabe erhältlich. Weitere Informationen zu dieser einmaligen Buchreihe und über den tredition Verlag unter: www.tredition.de

€ 12,90 [D]
ISBN 978-3-8424-1480-8

t tredition®

9783842414808

FRED ENDRIKAT

Der fröhliche Diogenes